幼儿园"游戏场"的开发与实践

刘春美　龚　爱　潘　妙

主编｜

GUANGXI NORMAL UNIVERSITY PRESS
广西师范大学出版社
·桂林·

图书在版编目（CIP）数据

幼儿园"游戏场"的开发与实践 / 刘春美，龚爱，潘妙主编.

桂林 ：广西师范大学出版社，2025.5. -- ISBN 978-7-5598-7790-1

Ⅰ. G613

中国国家版本馆 CIP 数据核字第 2024GJ1838 号

广西师范大学出版社出版发行

（广西桂林市五里店路 9 号　邮政编码：541004 ）

　网址：http://www.bbtpress.com

出版人：黄轩庄

全国新华书店经销

北京博海升彩色印刷有限公司印刷

（北京市通州区中关村科技园通州园金桥科技产业基地环宇路 6 号

　邮政编码：100076 ）

开本：787 mm × 1 092 mm　1/16

印张：11　　字数：159 千

2025 年 5 月第 1 版　　2025 年 5 月第 1 次印刷

定价：88.00 元

如发现印装质量问题，影响阅读，请与出版社发行部门联系调换。

编写团队

孔健敏	冯　华	卢春玲	唐菲阳	周　艳
梁燕明	刘夏露	卢桂慧	杨沛欣	李雅婷
叶珈谕	刘水娇	黄佳韵	李菲萍	周　敏
潘春晓	陈柏毅	李金珊	邓宏斌	余汉琴
陈　婧	苏燕美	覃日英	廖高献	张莎敏
龙结兰	霍坚丽	陈秋燕	罗月菲	陈　敏
黄泳铭	李勇金	贤娟华	关华群	李丽红
梁姬茵	覃　燕	林桂凤	林　星	钟广清
罗斯文	韦美妃	徐　萍	徐烨静	邱莆玲
江依缦	赖金凤	梁　芬	曾智敏	封付君
练静兰	欧伟燕	梁玉春	梁禄宜	陈秋羽
曾炜雯	高佳惠	黎小妮	黄晓祁	霍　张
黄子贞	钟美玲	涂欣林		

岑溪市第二幼儿园

广西梧州市岑溪市第二幼儿园是一所公办幼儿园。总园始建于1992年，占地面积达3250平方米，建筑面积为6837平方米。园内设有18个教学班，在读幼儿600人，教职工100人。园所采用集团化办园模式，有分园1所、加盟园6所。

园所秉承"育阳光孩子，润幸福童年"的办园理念，致力实现"培养阳光孩子、塑造阳光团队、构建阳光家园"的办园愿景；2012年获评为广西壮族自治区示范幼儿园，并在2018、2023年通过复评，2020年入选广西首批自治区幼儿园课程基地名单；先后荣获"全区教育系统五一巾帼标兵岗""自治区卫生优秀学校""广西基础教育教学成果奖重点推广项目 A 类应用实验区项目实验学校""梧州市示范幼儿园""梧州市民族团结进步示范单位"等荣誉称号。

序

岑溪市第二幼儿园（下文简称岑溪二幼）是一所市区公办幼儿园。从1992年建园，2012年获得"自治区示范幼儿园"，先后历经两次复评，成为集团化办园龙头园，再到2020年获广西首批"自治区幼儿园课程基地"，一步一步走来，园所长足发展的关键在于紧扣了幼儿园发展的核心：幼儿园课程。

幼儿园课程是幼儿园教育的基本途径，是引导幼儿生动活泼、积极投入并能获得有益经验的各类活动的体系。充分关注幼儿园课程建设，是幼儿身心和谐发展的重要保障。岑溪二幼秉承岑溪人"敢闯、敢冒、敢为天下先"精神，努力构建了属于他们的"阳光课程"，基于"育阳光孩子，润幸福童年"的办园理念、"健康阳光，快乐自信"的育人目标，将"培养阳光孩子、塑造阳光团队、构建阳光家园"注入每位岑溪二幼人的心中。然而，以"阳光课程"培育"阳光"幼儿如何落实于幼儿园的各类活动之中？"阳光"意味着就是让幼儿开心吗？"阳光"指向的幼儿学习品质是什么？幼儿园场地小而制约幼儿运动发展，这一直是园所全面发展的短板，如何突破？如何抓住集团化发展的机遇，将团队发展与课程建设协同……当我收到岑溪二幼这份书稿的时候，我欣喜地看到幼儿园的园长、老师们正在为实现幼儿园构筑的课程理念、寻找问题破解的答案不懈地努力，他们重组课程体系、筛选课程内容，通过创设游戏时间、空间和材料，给幼儿提供游戏的基本条件，保障幼儿游戏的权利。尤其针对园所场地较小的问题，创新了体能大循环活动的模式，创设"搭搭乐""野战场""快乐大舞台""野外趣玩"和"主题搭建"五大游戏场活动。在呈现的游戏案例中，能看到教师基于观察给予幼儿及时的回应与互动反馈，能感受到幼儿更阳光自信、更积极自主地参与活动，更主动地应对活动的挑战。

将课程建设的来路做提炼和梳理，这是岑溪二幼直面自己的勇气。尽管目前课程的体系和呈现还显稚嫩，但能够让他们更好地看到存在的问题和未来的方向。毕竟，幼儿园课程建设本就是一个系统而长期的过程。期待着岑溪二幼的课程建设能持续地推进，为幼儿园的孩子们创造更有质量、更有意义的生活！

广西师范大学教育学部　吴慧源

2023 年 11 月 23 日

目　录

第一章

阳光孩子与阳光课程

一、培育阳光孩子

在当今社会快速发展的背景下，儿童从小培养积极心态、自我认知、自我调节力和沟通能力显得尤为重要。这些能力不仅有助于他们在未来的学习和工作中取得成功，还能帮助他们更好地应对生活中的各种挑战和压力。

敢闯、敢冒、敢为天下先，是刻入岑溪人血脉的优秀精神品质，其核心是一个"敢"字。"敢"，即勇敢，是坚强、自信、大无畏、追求真理的精神秉性。岑溪二幼作为区域示范园所，担负着培养岑溪精神传承人的使命，引导孩子从小认识：岑溪精神的核心在于"敢字当头，勤字为先"；岑溪人勇敢进取，积极向上，稳扎实干，有担当，有作为；面对一切困难和挑战，毫无畏惧，矢志不移；敢于创新，具有"开辟新天地，创造新奇迹"的精神气。

园所开发的课程是"阳光课程"，上承"育阳光孩子，润幸福童年"的办园理念，下启"健康阳光，快乐自信"的育人目标。具体来说，园所教育目标涵盖"养习"（养成良好习惯）、"启智"（启发孩子智力）、"育康"（培育健康体魄）、"播乐"（播下快乐种子）。

二、开设阳光课程

幼儿园作为教育体系的起步阶段，应将工作重心放在儿童身心发展上，致力为每个孩子提供最适宜的成长环境。每个孩子都是独一无二的个体，拥有自己的兴趣、特点与天赋。因此，教育工作应充分尊重孩子的个性，挖掘孩子的潜能，鼓励孩子在兴趣的指引下自由探索，发现自我，进而形成独立的思考能力。设计丰富多彩的课程内容，融合互动游戏、创意手工等活动形式，让幼儿在轻松愉快的氛围中积累知识，激发出好奇心和求知欲。

幼儿园课程的核心理念应"以儿童为中心"，关注其全面发展。具体来说，就是为幼儿创造充满爱与关怀的成长环境，寓教于乐地激发他们的兴趣，引导他们培养社会情感、建立良好的生活习惯。

我园"阳光课程"着力培养健康阳光、快乐自信的幼儿。个性阳光的幼儿具有良好的适应能力和自我调节能力。无论是与父母、老师还是同伴，阳光的孩子都能更积极主动地进行交流、互动。相较而言，通过参与多样化的社交活动，他们能接触到更为丰富和广泛的信息，从而探索到更广的认知领域，积累更多的社会经验。

游戏时，个性阳光的幼儿能认真地思考，理解他人，从中学习到很多东西，不断提高自己的能力。此外，这些幼儿能长时间地专注于自己感兴趣的事情，遇到困难和挫折时不轻易放弃，能够积极地寻找问题的根源，尽力去克服困难。这些品质会伴随他们的一生，将来能让他们更好地适应社会、服务社会。

园所已有"三基础"和"五大馆"的课程基础。

"三基础"，即户外活动游戏课程、班级区域游戏课程、自我服务生活课程。户外活动游戏课程包含体能大循环、自由搭建活动、自主游戏活动；班级区域游戏课程以主题活动为引索，从幼儿生活选取内容，充分利用本土资源，创设各种探索、体验活动；自我服务生活课程包含了幼儿自主进餐、自主穿脱衣物、自主管理班级内务、自主整理体育器材、协助清理户外环境等。通过"三基础"课程，孩子在温暖、安全、丰富的环境中愉快地游戏、自主地探索、健康地成长。

"五大馆"即五大特色体验馆：达·芬奇巧手馆、幸福种子绘本馆、妈妈味道生活馆、大型建构馆、舞蹈体验馆。"五大馆"坚持"游戏是幼儿的基本活动"的理念，通过扩展幼儿园的游戏空间，因地制宜地利用本土资源，精心创设环境，为每个孩子提供学习与挑战的机会，最大限度地支持和满足幼儿通过直接感知、实际操作和亲身体验获取经验的需要。

第二章

游戏场的开发

一、园所游戏现状分析

岑溪二幼是自治区示范幼儿园，担负提升区域教学质量的任务，在区域教师及幼儿的发展水平方面起着引领的作用。但是，教师引导幼儿游戏的水平仍有提升的空间。有些老教师的观念未能及时更新，有些教师比较重视孩子的学习结果而忽略孩子的学习过程……这些现象，在一定程度上阻碍了组织和指导幼儿游戏活动。

我园幼儿游戏区域设置尚有不足。园所现有的户外活动有早操、体能大循环、自主游戏，但还没有固定的游戏场。户外游戏仍是我园的薄弱环节。

部分家长对游戏的教育价值认识不够深入，误认为幼儿园游戏是毫无目的地玩耍，认为幼儿不能从中学到知识，且游戏活动和教学活动是不能相提并论的。这些家长对游戏的重视程度有待提高。

二、理论支撑

《3—6岁儿童学习与发展指南》(下文简称《指南》)指出，游戏是幼儿园的基本活动，它对幼儿的成长具有重要的价值和意义。教育部早就提出，幼儿园教育要严禁"小学化"。随着"去小学化"的提出，幼儿教育得到了前所未有的飞速发展，人们对幼儿教育的认识也越来越明确。

早在十几年前，南京、成都、温州等地的幼儿园已开展游戏改革并将其应用到课堂之中，收效颇佳。各地幼儿园都慕名前往观摩学习。我们县级市的幼儿园虽说有了开发游戏的意识，但这一认识仍停留在感性层面上，对游戏重要性的认识还不够深入。有些老师还是没有真正理解游戏载体的价值，不能很好地将游戏贯穿于一日生活中。

幼儿园课程是实现学习教育目的的重要载体。教师作为幼儿园课程的直接组织者和实施者，需要按照学前教育的规律与原则，并结合幼儿身心发展的特点和需要，科学、合理地设计并组织各种类型的教育活动，将其转化为多种形式，以帮助幼儿获得有益的学习经验，促进幼儿身心全面、和谐的发展。这一过程也能促进教师自身的职业成长，实现其全面发展的职业目标。

可见，真正地将游戏教育立足到幼儿一日活动当中，是何等的重要！而我园和教师对幼儿游戏活动的重视程度，教师对游戏载体的开发、园本课程的开展、活动创设和指导的水平，以及幼儿的发展情况等方面仍有待提高。

　　通过理论学习、实际分析，我园决定开展"阳光课程·五大游戏场"，进一步探索游戏的应用与实践，切实将游戏活动作为幼儿一日活动的基本活动，以引导孩子在玩中学，在游戏中成长，实现幼儿游戏应有的价值，并形成园本课程。

三、目标解读

《指南》强调，要重视幼儿全面发展。幼儿期是人类身心发展的关键时期，这个阶段的经历和体验会影响到他们将来的生活质量和人生发展。因此，我园致力培育幼儿健康的体魄、阳光的心态、快乐的情感及自信的品质，以促进幼儿的全面发展。

- **健康**：身体健康是幼儿正常发展的基础。教师要提供安全、卫生、舒适的生活环境，从饮食、运动等方面入手，帮助幼儿建立良好的生活习惯，增强幼儿的免疫力和抵抗力，以促进幼儿的健康成长。

- **阳光**：温馨、和谐、积极向上的成长氛围，有助于幼儿增强自信和勇气，有利于他们探索周围的环境和学习新知识。为此，教师应该注重鼓动、赞扬和支持，让幼儿感受到爱和关怀，从而建立自尊自信、积极向上的人生态度。

- **快乐**：幼儿期是快乐的时期。愉悦的游戏和活动，能够提高幼儿的学习热情和兴趣，增强他们的自我认知和表达能力。教师应该注重打造愉悦的游戏、学习氛围，以使幼儿在快乐中成长。

● **自信**：自信是幼儿发展的重要品质之一。教师应鼓励幼儿积极参与游戏和活动，并给予适当的支持和指导，以提高幼儿的自信心和独立性。

综合来看，健康是幼儿身心发展的基础，只有在拥有健康体魄的基础上，才能更好地促进幼儿其他各方面的发展。阳光和快乐，是指幼儿愉悦的感受。幼儿成长的过程是否愉悦，会对幼儿自信心的养成产生重要影响。可以说，如果幼儿展现出阳光且快乐的状态，那他想必是拥有自信心的。自信是幼儿成长中重要的甚至是必要的品质。当幼儿具备这些品质时，身心能得到更好的发展，受益终身。

幼儿健康、阳光、快乐、自信的品质，需要家长、教师、社会各界共同关注和支持。第一，要营造安全、健康、舒适愉悦的生活环境；第二，要培养幼儿形成良好的生活习惯；第三，要注重情感交流，多给予幼儿肯定和鼓励；第四，要创建多样化且有创意的游戏和活动，提供幼儿丰富的学习与表现机会。

四、实施要点

《指南》建议："幼儿每天的户外活动时间一般不少于2小时，其中体育活动时间不少于1小时。"

我园研发并实施的"阳光课程·五大游戏场"，是结合园所实际情况开展的幼儿园课程基地建设、教育改革的实践探究。根据游戏模式三元素（时间、空间和材料），我园为幼儿提供游戏的基本条件，确保幼儿享有游戏的权利，并尽最大可能支持和满足幼儿通过直接感知、实际操作和亲身体验获取经验的需求。

蒙台梭利曾说过："在教育上，环境所扮演的角色相当重要，因为孩子从环境中汲取所有的东西，并将其融入自己的生命中。"

我园充分挖掘本土的教育资源，利用一切可开展活动的空间，创设适宜的教育环境（游戏场），并合理安排幼儿一日活动。我们开展形式丰富的游戏场活动，让幼儿拥有充足的自由游戏空间。教师尊重幼儿个体发展的差异性，在游戏场投放了适宜而丰富的开放式游戏材料，以让幼儿自定玩法，从而满足幼儿自由、自发及自主的游戏需求，让幼儿有更多的机会进行自主学习，使其能在游戏中获得有益经验，进而促进其全面发展。

（一）时间

　　我园的阳光课程，致力为幼儿提供充足的游戏时间，让幼儿充分与材料、环境、同伴进行深度互动，全情投入游戏，从而满足他们在各方面的学习与发展需求。

1. 游戏时间充足

　　幼儿的游戏需要充足的时间保障，才能让幼儿尽兴参与并从中获益。我园原定的游戏场时长为30～40分钟，包含游戏前的准备、游戏后的整理收纳的时间。然而，在实际操作中，常出现以下情形：幼儿刚完成场地布置，还未充分开展游戏活动便需结束游戏；或者是幼儿刚进入游戏状态，沉浸在游戏场景中，玩得不亦乐乎时，游戏结束的时间就到了。为了保障幼儿拥有充足且连续的游戏时间，我园将游戏场时间调整为60～70分钟。此举不仅延长单次游戏时长，也延长了在同一游戏场持续的周期。

2. 游戏时间灵活

　　园所游戏时间设为约1个小时，但在游戏时可根据实际情况进行调整。比如在游戏时间结束时，幼儿还是兴致勃勃，可以适当延长游戏时间，以满足他们的游戏需求。游戏时间也可以根据季节、天气等外部因素和其他特殊情况灵活调整。如夏季高温时，为避免幼儿中暑，可以适当缩短户外游戏时间，或调整游戏时段，如在幼儿入园后的早晨时段即开展游戏。

3. 游戏场地轮换

　　幼儿需要充足的时间去熟悉游戏场的场地环境，并认识游戏材料。充足的时间保障及持续性的游戏参与，有助于幼儿对环境和材料进行深度的探索，进而延续和拓展幼儿的想象力和创造力。此过程能促使幼儿主动发现问题，运用已有的生活经验解决问题，进而提升游戏水平。

为让幼儿充分体验丰富的环境与材料，保障幼儿在游戏中学习和探究的连续性，园所充分考虑游戏场地小、幼儿人数多的实际情况，采取了分阶段实施游戏场地的策略。初期，安非5个实验班进行试点；随后，逐步扩展到10个实验班；进而推广到全园；最终，实施隔月自主预约轮换制度。

第一个学期，每个游戏场只安排1个大班作为实验班，在每周的两个上午固定进行两个小时的活动。

第二个学期，大班的教师初步探索出适宜的游戏场活动组织模式。鉴于此，我园开始探究不同年龄段幼儿的游戏活动方案，并增加5个中班作为实验班。这些实验班在每周选定两个上午，固定安排两个小时的游戏场活动，且同一个班级在同一个场地的活动安排至少间隔1天。

2020 年秋季学期户外活动场地安排表

户外场地	时段	星期一	星期二	星期三	星期四	星期五
游戏场一 搭搭乐	上午	实验班：中三	户外活动：中一	户外活动：大八	户外活动：大三	实验班：大七
	下午	户外活动：大五	大循环	大循环	户外活动：中二	大循环
游戏场二 大梦想 小舞台	上午	实验班：大四	户外活动：中二	户外活动：大四	户外活动：中四	实验班：中六
	下午	户外活动：大六	大循环	大循环	户外活动：中一	大循环
游戏场三 野战场	上午	实验班：大一	户外活动：中三	户外活动：中七	户外活动：大二	实验班：中八
	下午	户外活动：大八	大循环	大循环	户外活动：中三	大循环
游戏场四 野外趣玩	上午	实验班：大三	户外活动：中四	户外活动：大一	户外活动：中八	实验班：中二
	下午	户外活动：中五	大循环	大循环	户外活动：中六	大循环
攀爬架 场地	上午	户外活动：小一	户外活动：小三	户外活动：小五	户外活动：小七	户外活动：小四
	下午	户外活动：中八	大循环	大循环	户外活动：中七	大循环

续表

户外场地	时段	星期一	星期二	星期三	星期四	星期五
大型玩具场地	上午	户外活动：小二	户外活动：小四	户外活动：小六	户外活动：小二	户外活动：小一
	下午	户外活动：大三	大循环	大循环	户外活动：大四	大循环
游戏场五主题搭建	上午	实验班：大二	户外活动：中六	户外活动：大二	户外活动：中五	实验班：中一
	下午	户外活动：大七	大循环	大循环	户外活动：大一	大循环

第三个学期，园所又增加了小班作为实验班。至此，全园范围内均已"铺"开游戏场。由于班级较多，每个场地在每个上午仅能安排一个班进行活动，场地使用需采取轮流交错的方式。

2021年春季学期户外活动场地安排表

户外场地	时段	星期一	星期二	星期三	星期四	星期五
游戏场一搭搭乐	上午	实验班：中三	实验班：大七	户外活动：大八	实验班：中三	实验班：大七
	下午	游戏场：大八	小班大循环	中班大循环	户外活动：中二	大班大循环
游戏场二大梦想小舞台	上午	实验班：大四	实验班：中六	实验班：大四	户外活动：中六	实验班：中六
	下午	游戏场：大六	小班大循环	中班大循环	户外活动：中一	大班大循环
游戏场三野战场	上午	实验班：大一	游戏场：中四	实验班：大一	实验班：中八	实验班：中八
	下午	户外活动：小七	小班大循环	中班大循环	户外活动：中五	大班大循环
游戏场四野外趣玩	上午	实验班：大三	实验班：中二	游戏场：中七	实验班：大三	实验班：中二
	下午	游戏场：大五	小班大循环	中班大循环	户外活动：中四	大班大循环
攀爬架场地	上午	户外活动：小一	户外活动：小三	户外活动：小五	户外活动：小七	户外活动：小四
	下午	户外活动：中五	小班大循环	中班大循环	户外活动：中七	大班大循环

续表

户外场地	时段	星期一	星期二	星期三	星期四	星期五
大型玩具场地	上午	户外活动：小二	户外活动：小四	户外活动：小六	户外活动：小二	户外活动：小一
	下午	户外活动：大三	小班大循环	中班大循环	户外活动：大四	大班大循环
游戏场五主题搭建	上午	实验班：大二	实验班：中一	户外活动：小三	实验班：大二	实验班：中一
	下午	户外活动：大七	游戏场：中五	户外活动：小五	户外活动：大一	户外活动：小六

　　第四个学期，有教师注意到班上的幼儿想尝试不同的游戏场。为此，我园经过一番调研与探索，找到了一个合适的方案：设立五大游戏场，并分别指定1名负责人；每隔1个月，各班级幼儿可自主发起预约，以班级为单位进行游戏场地的轮换。

2021年秋季学期户外活动场地安排表

户外场地	游戏场负责人	10:00—11:00 15:20—16:15	星期一	星期二	星期三	星期四	星期五
游戏场一搭搭乐	周　敏	上午	实验班：大三	游戏场：中一	游戏场：大八	游戏场：大六	实验班：中四
	龚　爱	下午	游戏场：大四	小班大循环	中班大循环		大班大循环
游戏场二快乐大舞台	刘夏露	上午	实验班：大六	游戏场：大三	游戏场：大四	游戏场：中七	实验班：中五
	潘　妙	下午	游戏场	小班大循环	中班大循环	游戏场：大五	大班大循环
游戏场三野战场	李雅婷	上午	实验班：大八	游戏场：中三	游戏场：中七	游戏场：中五	实验班：中一
	刘水娇	下午	游戏场：中二	小班大循环	中班大循环		大班大循环
游戏场四野外趣玩	周　艳	上午	实验班：大二	游戏场：中四	游戏场：大一	游戏场：小五	实验班：中三
	李菲萍	下午	游戏场：中五	小班大循环	中班大循环		大班大循环
游戏场五主题搭建（三楼大棚）	黄佳韵	上午	实验班：大一	游戏场：中六	游戏场：大五	游戏场：大二	实验班：中二
	梁燕明	下午	游戏场	游戏场：大七			游戏场：大四

续表

户外场地	游戏场负责人	10:00—11:00 15:20—16:15	星期一	星期二	星期三	星期四	星期五
攀爬架场地		上午	户外活动：小一	户外活动：小三	户外活动：小六	户外活动：小二	户外活动：小四
		下午	户外活动：小六	小班大循环	中班大循环		
大型玩具场地		上午	户外活动：小二	户外活动：小四	户外活动：小五	户外活动：小三	户外活动：小一
		下午	户外活动：大七	小班大循环	中班大循环		

2022年春季学期户外活动场地安排表

户外场地	游戏场负责人	9:50—10:50 15:20—16:20	星期一	星期二	星期三	星期四	星期五
游戏场一 搭搭乐	周　敏	上午	大班自主	中一	小一	大五	实验班：中四
	龚　爱	下午	实验班：大三	大四	大八	大六	
游戏场二 快乐大舞台	刘夏露	上午	大班自主	大三	小二	中七	实验班：中五
	潘　妙	下午	实验班：大六	小五自主	大四	小四自主	
游戏场三 野战场	李雅婷	上午	大班自主	中七	中三	中六	实验班：中一
	刘水娇	下午	实验班：大八	中二	小六自主	大七	小三自主
游戏场四 野外趣玩	周　艳	上午	大班自主	中四	小四	小五	实验班：中三
	李菲萍	下午	实验班：大二	中五	大一	小二自主	小一自主
游戏场五 主题搭建 （三楼大棚）	黄佳韵	上午	大班自主	中六	小三	小六	实验班：中二
	梁燕明	下午	实验班：大一	大七	大五	大二	大四

　　*说明：4、6月，除星期一上午、实验班固定活动时间不可预约，其他时间均可预约。每班可预约2次不同的游戏场，实验班则可预约1次。

2022 年秋季学期户外活动场地安排表

户外场地	总负责	游戏场负责人	9:50—10:50 15:20—16:20	星期一	星期二	星期三	星期四	星期五
游戏场一 搭搭乐	龚　爱	周　敏	上午	大班自主	中一	小一	大四	中六
		陈柏毅	下午	大四	大七	大三	小六	中三
游戏场二 快乐大舞台		杨沛欣	上午	大班自主	小三	大五	中三	中四
		潘　妙	下午	大五	小五	小四	大二	大六
游戏场三 野战场		李雅婷	上午	大班自主	大四	中五	大一	中一
		刘水娇	下二	大一	中二	小六	大六	小三
游戏场四 野外趣玩		梁燕明	上二	大班自主	中六	小五	小四	中五
		陈　婧	下二	大三	大三	大一	小二	小一
游戏场五 主题搭建 （三楼大棚）		卢桂慧	上午	中二	中四	大二	中二	中二
		黄佳韵	下午	大二	大六	大七	大七	大五

2023 年春季学期户外活动场地安排表

户外场地	总负责	游戏场负责人	9:50—10:50 15:20—16:20	星期一	星期二	星期三	星期四	星期五
游戏场一 搭搭乐	龚　爱 潘　妙	周　敏	上午	大班自主	中一	小一	大四	中六
		陈柏毅	下午	大四	大七	大三	小六	中三
游戏场二 快乐大舞台		杨沛欣	上午	大班自主	小三	大五	中三	中四
		潘　妙	下午	大五	小五	小四	大二	大六
游戏场三 野战场		李雅婷	上午	大班自主	大四	中五	大一	中一
		刘水娇	下午	大一	中二	小六	大六	小三
游戏场四 野外趣玩		梁燕明	上午	大班自主	中六	小五	小四	中五
		陈　婧	下午	大三	大三	大一	小二	小一
游戏场五 主题搭建 （三楼大棚）		卢桂慧	上午	大班自主	中四	大二	中二	中二
		黄佳韵	下午	大二	大六	大七	大七	大五

（二）空间

　　我园教师支持幼儿参与空间环境的创设，引导幼儿进行自主游戏，通过观察、记录、反思、讨论等方式，不断调整、优化自主游戏活动的内容，以促进幼儿巩固原有经验水平，不断获得新经验，促进幼儿全面发展。教师通过实施活动形式多样化、活动材料多元化、活动场地合理化、设计多层化的游戏教育，逐步引导幼儿成长为身心健康、快乐自信、乐于交往的阳光孩子。我园结合现有条件，包括草地、塑胶场地、固定设施等，依据实际情况，因地制宜，开拓了五个游戏场："搭搭乐""快乐大舞台""野战场""野外趣玩""主题搭建"。

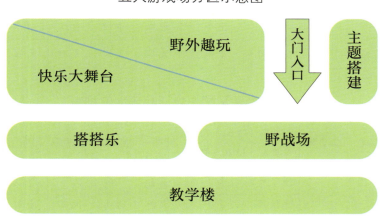

五大游戏场分区示意图

1. 搭搭乐

　　课程基地以幼儿健康为着眼点，打造多个适合幼儿身心健康发展的游戏场，以塑造阳光快乐的幼儿。户外游戏一直是孩子最喜欢的活动之一，而户外的器械大多数只能在大循环（"幼儿园体能游戏大循环"的简称）使用，导致孩子使用频率比较低。我园创设搭搭乐游戏场，幼儿可以参与器械设计、搭建及使用的各环节之中，通过不断尝试、调整、挑战，进行自主且有效的探究，从而达到身心健康发展的目标。

　　搭搭乐游戏场的场地平整、宽阔、安全，能满足幼儿的游戏需求。搭搭乐的游戏材料主要是炭化积木器件。如炭化梯、炭化架等。这些器件对幼儿来说体积和重量较大，因此我园采取"易取易放、就近取放材料"的原则，在场地周围就近设置了收纳游戏材料的柜子。

炭化梯　　　　　　　　　　　　炭化架

　　搭搭乐游戏场投放多种低结构材料，如木板、PVC管等，支持幼儿自主搭建和探索，以激发幼儿的发散性思维，发展他们的想象力，促进幼儿获得各方面的发展。

　　我们设置搭搭乐游戏场旨在为幼儿提供自主探究、思考、解决问题的空间。在这个专属于幼儿的世界里，他们能自主、自由地和小伙伴交流，相互帮助，共同创造新游戏玩法。教师注重营造有利于幼儿自由沟通、自主探索、创新发展的氛围。

炭化板材、炭化砖　　　　　　　　　　PVC 管

2. 快乐大舞台

《指南》指出，应提供丰富的便于幼儿取放的材料、工具或物品，支持幼儿进行自主歌唱、表演等艺术活动。我园的阳光课程的育人目标是：培养幼儿成为健康阳光、快乐自信的阳光孩子。

快乐大舞台游戏场是根据《指南》的要求以及我园的阳光课程的目标，尊重幼儿的兴趣，结合幼儿已有经验，鼓励幼儿自主搭建舞台，并大胆进行打击乐、唱歌、舞蹈等表演。快乐大舞台游戏场为幼儿提供展示自己的平台，让他们通过参与、体验、表演，感受自主搭建、尽情表演的乐趣。

快乐大舞台是我园自治区阳光课程基地五大游戏场之一，设置在操场的一角，有足够宽阔的场地。我们在其中投放了空心泡沫砖、实心泡沫砖、八面万能积木、圆柱插管积木、木板、奶粉罐等多种建构材料，为幼儿的搭建活动提供了有利的条件。此外，幼儿家长协助收集到了牛奶箱、化妆品、表演服装等闲置材料。这些丰富的材料，使得幼儿能够采用多种多样的形式开展表演活动，使他们能够充分锻炼语言能力、情绪表达能力和动作协调性。同时，幼儿也在此过程中学习如何与同伴协商解决问题，共同营造快乐的氛围，从与同伴的交往中获得快乐的体验。

3. 野战场

根据《幼儿园教育指导纲要（试行）》（下文简称《纲要》）的要求，幼儿园应"开展丰富多彩的户外游戏和体育活动，增强幼儿体质，培养幼儿参加体育活动的兴趣和习惯，增强体质，提高对环境适应能力"。

在课程游戏化的教育背景下，我园推出的"野战场"这项集运动与游戏于一体的仿真作战游戏，深受幼儿的青睐。该游戏直观的场景设计、高潮迭起的游戏情节，吸引幼儿积极尝试、探索多种不同的野战游戏玩法，使他们体验到野战游戏的无限乐趣。教师作为幼儿的支持者、引导者与合作者，鼓励和支持幼儿积极尝试、探索多种野战游戏，有效地引导幼儿锻炼身体，教会幼儿学习如何从容地面对困难、磨炼顽强的意志，培养其团结协作的意识。

野战场设计为开放式场地，旨在支持幼儿利用多种材料，自主、创新地进行不同游戏区的建构，如自主搭建模拟的堡垒、医院，开展野炊活动等。此外，场地与园内自然资源实现了充分融合，大树及现成的花坛等可用作攻守时的堡垒或掩体，从而赋予了游戏充足的空间和丰富的情节元素。

幼儿园野战场是专为混龄活动设计的开放性游戏区域。要顺利地开展丰富的户外活动，需要有足够的、多样性的游戏材料来支持。在野战场中，我们投放了高结构材料，如军帽、木仓、担架、医药箱等角色扮演道具，以激发幼儿参与角色游戏的兴趣，引起他们对角色游戏的联想和行动，从而实现游戏目标；我们也投放了低结构材料，如沙包、轮胎、雪糕筒等常见游戏材料，其构造简单，玩法无定式，功能多元化，可操作性强，便于幼儿根据个人兴趣和想法随意组合，实现一物多玩，进而促进其思维的拓展与想象力的丰富。

沙包

玩具枪弹、儿童头盔、军帽、迷彩背心等　　　　户外保护垫

4. 野外趣玩

　　玩具、教具材料：仿真蔬菜、烧烤架、饮料瓶、编织篮、编织坐垫、野餐桌椅、锅碗瓢盆等。

　　环境创设：园所为幼儿野外活动提供宽敞场地。

　　教师预期：幼儿能在游戏中互相协作、互相帮助。在快乐的野餐中学会更多本领。

　　游戏规则和玩法：由幼儿自发商定游戏主题，游戏的规则、玩法也由幼儿协商制定的。

5. 主题搭建

　　活动区只是一个空间规划的概念，之所以要设置活动区，是为了让幼儿有更多的机会作用于环境。我园以阳光课程为切入点，融合建构游戏材料和其他游戏材料，创设了一个材料丰富多样的、多功能多层次的主题搭建游戏场，让幼儿在自然、宽松的环境中，根据兴趣和需求，自由选择主题、玩伴和材料，进行自主探究、自发交流，并积极主动地参与游戏。

　　主题搭建游戏场投放了大量的炭化积木和泡沫积木，以及家长协助收集的各种利于建构活动的废旧物品，如纸箱、月饼盒、奶粉罐、纸筒等低结构材料（这些材料在经过清理和消毒后投入使用），旨在满足幼儿"玩中学，做中学"的游戏需求。

　　主题搭建游戏场设置在巧手馆楼顶的大棚，是一个半开放的独立区域，空间非常宽敞、明亮，便于存放纸箱、纸筒、积木等容易受潮的建构材料；场内配有灯具和吊扇，确保游戏进程不受阴雨和高温天气的影响。游戏场左右两边靠墙处各有一个三层的置物架，底层放较重的炭化积木和长板，中间层放泡沫积木、奶粉罐、月饼盒等物品，顶层放轻型纸箱。每一类物品的收纳筐及其存放位置都挂有醒目的图文标识。置物架两边都备有平板车和推篮，方便幼儿自主分类并取用材料。游戏时，幼儿可以根据搭建主题所需的主要材料自行协商，也可自主划分空间，进行建构游戏和相关衍生游戏。各组幼儿都能有相对宽松的游戏环境，并能共享游戏资源。

牛奶箱、奶粉罐、木板

分类陈列的搭建材料

（三）材料

1. 游戏材料清单

　　我园提供了上百种游戏材料，以支持幼儿的各种游戏活动。其中，最为常用的游戏材料有积木、竹梯、垫子、轮胎、小车等。

游戏场材料清单

五大游戏场	材料
搭搭乐	攀爬架、炭化架、炭化板、炭化梯、多功能架、炭化单元砖、竹梯、板凳、凳子、户外大型积木、拱门、跨栏、大水管、大板车、小板车、木块、木高跷、竹球棒、竹独轮、手赶车、竹球门、竹球、大烟囱、手拉车等。
快乐大舞台	搭建积木、说唱脸谱、舞蹈服、蝴蝶翅膀、头饰、斗篷、披风、民族服饰、原木打击乐器、儿童架子鼓、响板、锣鼓、卡祖笛、非洲鼓、大鼓、音响、儿童吉他、拉杆收纳箱、可移动衣架、背景布等。
野战场	蓝色野战背心（含配套帽子）、绿色野战背心（含配套帽子）、医疗箱仿真模型、医疗包仿真模型、长木枪、短木枪、塑料枪、被单、自制炸弹仿真模型、三角帐篷、迷彩网、沙包、儿童医生服、儿童护士服、白色栏杆、轮胎、"医护车"道具、滚筒、九宫格障碍设施、独木桥设施、水管支架等。
野外趣玩	仿真塑料蔬菜、模拟烹饪器具、闲置厨房用品（电饭锅、高压锅、平底锅、电磁炉等）、厨师专用围裙与帽子、小型收纳篮筐、烧烤网、仿真塑料鸡等。
主题搭建	泡沫积木、普通积木、多米诺骨牌、大纸箱、牛奶箱、礼品盒、月饼盒、奶粉罐、塑料瓶、平板车、推篮、自制加油机，及其他辅助材料。

2. 游戏材料投放

　　我园根据各个游戏场所需，就近、足量投放可组合、可移动的游戏材料，并且进行分类陈列，以便于幼儿自由选择、使用。

第一，搭搭乐游戏场。幼儿在此游戏场利用材料搭建各种框架，并以此为基础进行游戏活动，同时练习走、跑、跳、钻等动作。所用的材料主要包括炭化积木、木板、梯子、小型板块、PVC管，还有竹制小玩具，以及一些安全垫子。

第二，快乐大舞台游戏场。我园生均面积较小，为了让幼儿都能有展现自己才艺的机会和场地，我园持设了快乐大舞台游戏场，投入了一批形状多样、尺寸不同的建构拼接材料。幼儿可以运用这些材料自由进行搭建游戏，包括搭建展示才艺的舞台或者满足角色需求的游戏场景。此外，该游戏场还投放了绳子、球拍、衣服等辅助材料，供幼儿进行才艺表演和角色扮演活动。

第三，野战场。鉴于孩子喜欢看解放军作战题材的电影，并在观影结束后产生强烈的模仿欲望。我园特此创设了这个游戏场，将电影场景"搬"到游戏中。场地设在空旷的操场。为还原真实的作战环境，我们投放了迷彩作战服、户外垫子、军事网等道具，以模仿解放军的作战装备。一些辅助道具由园所统一购置，如玩具手雷、玩具手枪等；一些由教师与幼儿自制，如空塑料球和报纸（或卷纸）做成的炸弹、梯子和板子组成的军队医疗担架、布块和木棍搭建的简易帐篷。教室里角色扮演区所配置的医生服装、医药箱等道具也可当作游戏场的补充游戏材料，加以利用。

第四，野外趣玩游戏场。此游戏场主要是模拟露营、野餐等户外休闲活动。其充分利用园区现有的小溪、水渠、草地、树荫等自然景观资源，并配备帐篷、野餐垫、餐厨用具、仿真食材、仿真渔具等材料。

第五，主题搭建游戏场。我园开展丰富多彩的主题搭建活动，在此游戏场里大量投放炭化木板、轻塑积木，以及牛奶盒、牛奶罐、洗衣液罐、月饼盒、万向轮拉杆车和各种尺寸的废旧纸箱等材料，以满足大、中、小各年龄段幼儿搭建多种主题的场景需求。

3. 材料使用原则

《指南》及《幼儿园保育教育质量评估指南》都有提到：以游戏为基本活动，确保幼儿每天有充分的自主游戏时间，因地制宜为幼儿创设游戏环境，提供丰富适宜的游戏材料，支持幼儿探究、试错、重复等行为，与幼儿一起分享游戏经验。

我园班额较大，而户外活动面积不足1 500平方米，投放的游戏材料种类和数量都非常多。既要保证幼儿有充足的户外活动时间，又要提供丰富适宜的游戏材料，这就需要教师思考如何合理使用户外活动场地、如何合理配置游戏器械。

经过不断的试行、观察、调整、优化和总结，我园探索出幼儿户外自主游戏组织的四个原则。

（1）就近取放原则

之前，我园设有一名专职体育老师，负责为中班和大班每周开展1节体育活动，并在每学期负责管理与清点户外游戏器械。

我园的游戏器械按照功能划分，并摆放在一个专门的器械室。经过观察，我们发现幼儿进行不同游戏时喜欢使用有特定功能的器械，而这些功能各异的器械被存放于不同位置，间距较远，不方便幼儿取放。后来，我们调整为：按照体能大循环和五大游戏场的需求，在操场的四周增加高度适合幼儿的不锈钢和木质的游戏柜，把游戏器械分别摆放其中，并由游戏场负责人管理器械，方便幼儿就近取放。

（2）自主选择原则

我们把所有的器械都做好标识，发动家长一起收集各种游戏器械，让幼儿自主选择游戏器械，充分尊重幼儿的意愿。

（3）开放共用原则

刚开始时，各班幼儿在划好分区的各个游戏场内使用该场地配备的材料。后来，常有幼儿提问："我们能不能去别的场地借材料？"于是，现在所有的户外游戏材料都开放、共享。如果幼儿需要其他游戏场的材料，可以在征得游戏场负责人同意后，进行使用。

（4）自主收纳原则

为培养幼儿形成良好的整理收纳习惯，教师为每种材料都制作了清晰的收纳标识，有助于幼儿在游戏结束后顺利地将材料分类归置，提高收纳的效率。从小班开始，教师引导幼儿在游戏结束后进行分类收纳材料的实践。最开始时，小班幼儿会花费十几分钟甚至半个小时的时间完成这一过程，到了中班、大班，他们基本能熟练地协作或借助运输器具，把游戏材料归置回原处。

第三章

游戏场的实践

一、"骑"乐无穷

——自治区课程基地优秀游戏案例

"骑"乐无穷系列活动，是我园的大班幼儿在骑车游戏中偶然"发明"的本体性游戏。该游戏激发幼儿做出了很多的探索、努力。

幼儿常讨论：我们平时坐的小汽车可以上坡和下坡，想去哪儿就带我们去哪儿。在游戏里，我们的车子会遇到什么事情呢？

（一）儿童的兴趣和前期经验

兴趣： 骑车是幼儿日常生活中较熟悉的活动。他们对车和骑行充满了好奇心，也创造了很多新玩法。

前期经验： 经过小班与中班两年的搭建游戏经历，大班幼儿已经掌握了摞高、平铺、穿插、错层等基本的搭建技巧，具备了初步合作搭建的能力。

（二）游戏准备

游戏材料： 包括但不限于三轮车、木板、积塑建构材料、炭化积木等。
环境条件： 在操场内创设营造的、宽阔平坦的游戏场地。

（三）游戏目标

● 对搭建感兴趣，敢于挑战，在遇到困难时，能积极想办法寻找解决方案，展现出坚持和专注的游戏态度。

● 能够与同伴合作、协商，目标清晰地开展、推进游戏。

● 在搭建中，获得方位、平衡、对称等知识经验。

（四）游戏过程实录

1. 准备阶段

教师引导幼儿观察、发现材料的特点，思考如何将其运用到游戏中；鼓励幼儿愿意大胆尝试，做好游戏时遇到问题、解决问题的心理准备；引导幼儿学习倾听别人的想法，进行调整与反思，感受共同游戏的快乐。

2. 计划讨论

游戏计划时，有的幼儿要搭建"山坡"，有的建议扩建"马路"，并说："要修一条长长的路，容纳更多车。"

3. 游戏一：扩建"公路"

幼儿开始扩建"马路"。

圳玮和瑞榕找了方块砖和"过河石"，把不同的形状的积木拼接成两条线。于是，一条笔直但不太长的公路建好了。

瑞榕迫不及待地在公路上骑车。

经华大声喊："成功啦!"

◆ **幼儿行为分析:**

　　幼儿已熟悉每种材料的位置,并根据自身需求自主选择材料。与同伴合作布置场地,这一过程展现出他们的创新思维和创造力,也展现出小主人翁意识。

◆ **教师支持:**

　　以等待、观察的支持方式,留给幼儿自主解决问题的时间和空间;适时介入,确保材料稳定不倾倒,以保障活动的安全性;及时予以积极反馈,如肯定、赞扬幼儿的创意与良好表现。

4. 游戏二:"山坡"大挑战

　　成功扩建公路后,幼儿搭建"山坡"的意愿更强了。

　　开始时,他们有些束手无策。

　　不久后,瑞榕手扶着木板,做成70度角的斜坡。圳玮也模仿瑞榕的做法,进行探索。

圳玮发现木板没有支撑，因此不能固定。他和几个小伙伴又找来别的材料进行搭建，并尝试将三轮车骑过斜坡。

探索过程中出现了问题。起初，车子上不去；即使车被抬上去，车轮也会被卡住。他们反复尝试，依然没有成功。

在面临车子驶上斜坡的困难时，圳玮想到了解决方法：降低山坡高度、减少坡长。

瑞榕再次骑车上坡，当驶过两块木板拼接的地方时，被颠了一下，她咧开了小嘴巴。历经了七次失败，她终于迎来了成功。孩子们为此兴高采烈地欢呼。

◆ **幼儿行为分析：**

　　幼儿遇到了车不能上坡的困难。这看似探究过程中的"失败"，但它激励着幼儿进行创新思考，从而产生新的尝试、探究行为，使幼儿在"假设—验证—修正"的过程中得到发展。

◆ **教师支持：**

　　当幼儿用手扶的方式固定山坡，木板无法保持平衡时，教师适时介入游戏，提出具有启发性的问题，引导幼儿思考还有哪些材料可以搭建山坡。在此过程中，教师持续关注幼儿的活动进展，给予幼儿鼓励和支持。

5. 游戏三："红绿灯"游戏

　　统杰、耀孔和子杨共同参与了"红绿灯"这一游戏。

● "红绿灯"改造

幼儿不再满足于简单的"红绿灯"游戏。

圳玮和经华携手合作，进行了大改造，全新升级版"红绿灯"完成。

● "封路，禁止通行"

统杰、耀孔把两块积木拦在路中，说："红绿灯维修，需要封路。"

子杨、圳玮和经华耐心地等待。

● "声控"换灯

统杰发起了换灯指令："十、九、八、七、六、五、四、三、二、一，换绿灯。"

统杰听到指令后马上把信号灯切换为绿灯，交通恢复通行。

● "开罚单"，出现"警察"角色

子杨没等绿灯亮就通行，统杰急得大喊："报告警察，有人闯红灯，快来开罚单！"

子杨认为闯红灯，警察不该开罚单。关于罚单的问题就这样出现了。

● 开闸通行模式

为防止出现闯红灯的行为，统杰想出了开闸通行的游戏模式。

◆ 幼儿行为分析：

幼儿在游戏中运用与发展了人际交往能力、与同伴的合作能力；通过"红绿灯"游戏模拟交通情境，不仅增强了幼儿的交通规则意识，还提升了语言表达和合作协调能力；幼儿在游戏中主动承担分工，如担任"警察"以维持秩序，这体现了良好的合作精神和主人翁意识。

◆ 教师支持：

在幼儿产生新想法或发现新问题时，教师应该为幼儿实践想法、解决问题创造机会，以培养他们独立解决问题的能力。

（五）小结

1. 游戏活动的特点与价值

"骑"乐无穷系列活动，是以温暖、开放的环境为空间载体，以充足的时间、适宜的材料为基础条件，由孩子的兴趣自然生成的。教师始终以观察者、支持者的身份，关注着幼儿的游戏过程。当发现幼儿因为遇到困难、无法继续时，教师并非直接帮助幼儿解决问题，而是鼓励幼儿继续尝试，给予幼儿更多自我成长的时间和空间。

《指南》《纲要》均指出，教师应成为幼儿学习活动的支持者、合作者和引导者。教师要充分利用一切可利用的教育契机，尊重、放手、支持幼儿游戏发展。

随着游戏的不断深入，幼儿活动的自发性、自主性明显提高，他们的交往能力也在不断增强，学会团结合作。遇到问题时，幼儿能积极动脑思考，大胆地表达观点，并把既有经验运用到新的游戏当中，使得游戏活动变得充实丰富且有意义。

2. 游戏活动的反思

应给予幼儿自主游戏学习的时间和空间，让其去充分感知游戏材料，充实游戏经验，以保证游戏动机的自发自主、游戏过程充满自娱自乐、游戏内容经由自由商定、游戏材料得以自由选择、游戏同伴实现协同合作，使幼儿在游戏中得到发展及愉快的情感体验。

应充分发挥同伴、教师及家长的资源优势，有效提升幼儿的游戏水平，使其获得丰富多元的游戏体验，进而实现游戏的预期目标。

幼儿在探究问题时，教师不仅要关注幼儿的发展，还要观察幼儿经验的积累，给予材料、策略等方面的支持，推动幼儿游戏的有效发展。

教师还需进一步尊重幼儿游戏中的意愿及想法，增强幼儿游戏的计划性、目的性，引导他们尝试分工，帮助幼儿培养逻辑性、计划性。

教师在游戏的前期，要注重与幼儿交流，引导幼儿发现问题，梳理既有的游戏经验，并体验游戏的快乐；在游戏的后期，教师要更有针对性地引导幼儿解决游戏中遇到的问题。

幼儿处于感知材料阶段，其创造的游戏形式、建构的形象较为单一，并受到游戏场地的限制。今后，我园将关注幼儿多方面的发展，开放更多的材料，以便幼儿随时取用，从多方面、多角度、多层次丰富游戏的内涵。

3. 下一步的支持策略

● 根据游戏情境转变的需求，提供相应的材料。

- 在幼儿游戏进程受阻时，以游戏伙伴角色的身份，采取试探性、启发性的方式介入。
- 针对有价值的问题，鼓励幼儿及时讨论，共同商讨解决办法，完善游戏规则。
- 适时抛出启发性的问题，给幼儿思考和表达的机会。

幼儿天生被赋予了自由游戏的权利。我们将继续把握好"幼儿作为主体"与"教师作为主导"之间的平衡，充分尊重、放手并支持幼儿，让幼儿在自主游戏中得到更大程度的发展。

二、积木＋木板＝?

——自治区课程基地优秀游戏案例

　　我园幼儿爱玩滑滑梯。在一次建构游戏中，场地没有滑梯，小班幼儿打算自己创造滑梯。用来搭建滑梯的积木与木板引发了幼儿的好奇心：除了把木板架在不同地方玩滑梯，还可以怎么玩呢?

　　一场全园范围的大探索由此展开……

（一）幼儿的兴趣和前期经验

　　兴趣：对各类建构材料感兴趣，能利用不同材料进行搭建。

　　前期经验：幼儿平时喜欢滑滑梯游戏，对自由选择游戏材料、探索搭建，有一定的操作经验，可以将之迁移到游戏中。

　　学习品质：小班幼儿对新奇的事物充满好奇心，"滑梯"多变的玩法让幼儿萌生探索的欲望；在建构"滑梯"的过程中，幼儿萌生合作意识，培养了一定的合作精神、交往与合作的能力。

（二）游戏准备

　　环境条件：园所设有供幼儿自由建构的活动室，并扩大活动空间至户外，实现活动室与户外场地互相融合；同时，营造宽松的游戏氛围，提供支持游戏的材料。

游戏时间：给予幼儿充分探索游戏的时间，支持孩子自由探索，以获得愉快的体验和积累新经验。

游戏材料：长度与粗细不同的 PVC 管、炭化积木、各类小球、长短不一的木板，以及其他各类建构材料。

（三）游戏目标

- 幼儿搭建不同的斜坡，感知斜坡高度的差异。
- 幼儿通过比较，感知斜坡的高度会影响物体下滑的速度。
- 鼓励、支持幼儿探索、操作，培养积极思考和乐于实践的品质。

（四）游戏过程实录

1. 游戏雏形：室内"滑梯"

这是一次偶发的建构游戏行为。当时场地里没有滑梯，但幼儿提议可以自己创造滑梯。

奕潼："下雨了，教室里没有滑梯，怎么办?"

腾宇："我们可以造一个滑梯出来呀!"

于是，他们开始用各种积木搭建"滑梯"。一根短短的圆柱体从子建手里落到"滑梯"上，沿着斜坡滚下来。

"滑梯"初探

◆ 幼儿行为分析：

　　幼儿善于观察周围环境，他们发现斜坡上的圆柱体会从上向下滚落，因此对这一现象形成了自己的理解和认知。

◆ 教师支持：

　　小班幼儿既有经验薄弱，教师应引导幼儿观察、发现和建构，鼓励他们分享问题、经验及看法，以提高幼儿的建构水平。

2.游戏探索：斜坡滑梯

"简易滑梯"的体验活动相当成功。

幼儿保持着很高的热情，他们决定走到户外，搭建斜坡，观察"滚动现象"。

三角形积木支撑的斜坡

政霖找到了竹球，发现了问题："这个不可以。"

佳东对斜坡进行了调整，说："可以啦！"

幼儿紧接着继续尝试并寻找不同的物体，以进行滚动的操作与实验。

加高斜坡

不同物体的滚动实验

◆ **幼儿行为分析：**

在初始阶段，积木是幼儿认知滚动现象与斜面关系的媒介。随着游戏的开展，幼儿逐渐知道：滑梯底座需要保持稳定，圆形物体会沿滑梯滚落，且物体滚落的速度与坡度的高度有关。

◆ **教师支持：**

整个过程中，老师没有介入。幼儿自主游戏，自主探究，自然获得建构的方法和经验。

3. 游戏进阶：楼梯斜坡

政霖："如果有个更高的斜坡就好了。"

奕希："楼梯会不会太高？"

"简易滑梯"的搭建渐渐不能激起幼儿的兴趣，改造升级迫在眉睫。

冠丞无意中发现：球可以滚动。这让他无比兴奋，随即开启一场关于"赛道"的探索之旅。

楼梯斜坡

楼梯斜坡＋半圆"赛道"

幼儿发现新问题："赛道"会滚来滚去。

腾宇："我一放手，管子就滚动。要一直扶着。"

心睿："换根管子试试？"

他们找来半圆形"赛道"，解决手扶"赛道"的问题。

幼儿开始时是用手搬运球，随着用球的需求增多，球一多就容易掉。

于是，他们想到借助工具，用PVC管来当球筐，这样可以装更多的球，也便于在游戏时取放。

◆ **幼儿行为分析：**

幼儿具备自主思考的能力。能借助低结构材料，自我检视其想法的合理性，并通过实验和比较不同材料的滚动情况，主动寻找失败的原因，并持续尝试，从而到解决策略。

◆ **教师支持：**

作为观察者，应观察幼儿的创意玩法、经验迁移运用等情况。作为支持者，应在活动后与幼儿互动讨论，询问并引导其思考：你遇到了什么问题？除了把木板搭在台阶二，还可以用什么材料当滑梯？

4. 游戏再升级：斜坡 Plus

幼儿发现，在加宽后的斜坡和滑道上，无论是大圆柱体还是小球，依然容易发生偏离现象。

幼儿发现问题：球到一半会掉出滑梯。

球偏离滑道

腾宇："圆球总是滑到一半就掉下来。"

安晴："我觉得用小球可能会更好。"

佳东："我想用管道试试。"

冠丞："我们可以在斜坡两边加个防护栏。"

使用管道　　　　　　　　　　　添加护栏

众幼儿齐心协力找解决办法。

斜坡升级方案

1
初始版
轨道滑梯

2
进阶版
单轨高架斜坡

3
升级版
双轨高架斜坡赛道

4
迁移版
咻，滑滑梯！

◆ **幼儿行为分析：**

幼儿能借助观察和堆叠经验，想出解决问题的办法：采取不同长度的积木作为支撑，以维持防护栏的稳定。幼儿将自己的生活经验迁移到游戏中，展现了高水平的游戏能力。他们放弃了追求积木高度的想法，有针对性地选择材料，搭建出属于自己的滑梯，很有创意。

◆ **教师支持：**

　　幼儿的联合游戏是由多个幼儿共同参与，一起进行同样、相关联的活动，没有分工，也没有按照任何具体目标或预期来组织游戏。游戏过程中，教师没有介入。在游戏分享环节，教师借助游戏的现场视频，以提问启发幼儿思考如何解决问题，帮助其获得新经验，推进游戏的开展，并提升游戏水平。

（五）小结

1. 游戏活动的特点及价值

　　幼儿通过游戏进行科学实验，通过比较、分类、预测、解释、实验等实物操作的方式，来观察球滚动的动力学现象。在此过程中，他们无意识地用了静力学原理，完成了各种滑梯的搭建。

　　通过游戏，幼儿得以发展建构技能、积累科学知识。幼儿创造性地运用支撑、平铺、对合等技能，搭建出各类"滑梯"，这不仅有助于其提升建构技能，也促进其形状与空间认知、材料运用能力的提升。

　　通过搭建作品，培养幼儿主动探究、坚持学习等品质。幼儿始终是游戏主体，教师是游戏的支持者。幼儿能通过游戏，主动思考，解决难题，持续获取新的经验，又将内化后的经验灵活用于解决新问题。

　　游戏中，幼儿通过与同伴交往，能发展协同合作的能力。游戏的趣味性和挑战性，促使了幼儿进行协商与合作。这是他们在面对难题时的自然反应，也是他们在浓厚兴趣的驱使下的一种自发行为。最初，幼儿间的合作意愿并不明显。随着游戏的深入，他们遇到问题时会开始合作想办法解决问题，到后来他们能尊重他人的想法，互相分享经验，从而体验与同伴交往、分工及合作的快乐。

2. 游戏活动的反思

幼儿能在游戏中进行设想、尝试、调整，直到完成目标。当他们决定改变游戏材料时，新的游戏已经形成。在游戏形式与内容不断变化、层层升级中，幼儿持续获得小步前进和自我发展。遵循"幼儿在前，教师在后"的理念，教师提供合适材料，不断建构和丰富幼儿的认知经验；关注幼儿的内在和成长的需求，给予他们游戏和探索的机会，完成从量变到质变的蜕变。

滑梯游戏处处都有科学知识。我园教师对科学经验相关知识相对欠缺，后续将研读科学核心经验相关图书，以支持幼儿的深度学习。

3. 进一步的支持策略

促成幼儿进阶探索：球除了从高处滚到低处，有没有办法从低处滚到高处？

引导幼儿探索由问题引发的小车滑梯。

潜移默化渗透幼小衔接的知识，引导幼儿探索"积木＋？＝滑梯""？＋？＝滑梯""？＋？＝？"等的创新思维方式。

滑滑梯的故事还在继续，幼儿在高高低低的滑梯游戏中探索知识、体验快乐，在上上下下的空间中寻找突破和刺激，在吵吵闹闹的交往中感受失败和成功。这一段旅程是引发幼儿主动探究、自发成长的载体，是他们自主而连续建构自我经验的过程。愿教师都能躬下身，细细倾听、静静观察，和幼儿一起发现并收获富有意义的"小确幸"，共同经历一个又一个的美妙的旅程！

三、积木成舟

——自治区课程基地优秀游戏案例

《指南》提到："幼儿科学学习的核心是激发探究兴趣，体验探究过程，发展初步的探究能力。成人要善于发现和保护幼儿的好奇心，充分利用自然和实际生活机会，引导幼儿通过观察、比较、操作、实验等方法，学习发现问题、分析问题、解决问题；帮助幼儿不断积累经验，并运用于新的学习活动，形成受益终身的学习态度和能力。"

"积木成舟"游戏是基于岑溪的地域民俗文化，结合幼儿的学习兴趣和实际发展需求，支持幼儿创建、开发属于自己的别样龙舟和龙舟游戏。

经过多次龙舟搭建活动，幼儿已经会用牛奶箱、大纸箱、泡沫积木等材料，运用平铺、堆叠、围合等技巧来搭建龙舟。随着活动的深入，幼儿积累了较多的经验，希望搭建一艘更大更形象的龙舟。教师根据孩幼儿的建构需要求，带领他们到户外，利用大型炭化积木来进行搭建。

（一）幼儿兴趣与前期经验

端午时，教师发现幼儿对龙舟产生了浓厚的兴趣。大二班开展以端午为主题的系列活动。通过这些活动，幼儿已经对端午的习俗形成了自己的认识。

（二）游戏准备

　　活动前，教师和孩子观看图片，一起认识龙舟，并把龙舟的图片投放在建构区墙面上；随后也贴上幼儿以往搭建龙舟的活动相片，帮助他们回忆经验、迁移经验，做好充分准备，以应对即将出现的各类问题。

（三）游戏目标

- ● 幼儿喜欢搭建游戏，能按照自己的想法进行游戏。
- ● 幼儿在搭建活动中，获得平衡、对称等知识经验。
- ● 幼儿能够与同伴进行简单的合作、协商。

（四）游戏过程实录

1. 第一次游戏

　　端午活动中，幼儿表达了他们想要亲手制作一艘龙舟的愿望。

　　教师与幼儿一起利用电脑资源，学习龙舟的外观特点、结构组成以及其功能用途，进行了首次的龙舟搭建实践。

　　幼儿在游戏场地挑选了纸箱、篮子、泡沫积木等多种材料，构建出他们心目中的龙舟模型。尽管这些模型的构造相对简单，但它们已经初步展现了龙舟的基本轮廓。

在第一次搭建后的分享评价环节，教师和幼儿梳理、分享活动过程与经验，通过提问，引导幼儿回顾游戏场的活动并开启讨论：用什么材料搭建龙舟？龙舟分哪些部位？龙舟上有什么角色？针对这些疑问，幼儿说出自己的观点和想法，并借助前期积累的经验，运用图像把自己的想法记录下来。

2. 第二次游戏

游戏开始前，幼儿设计了心中的龙舟，并决定分小组进行搭建。这一次的龙舟有了更复杂的造型，有了舵手这一重要的角色，还使用到桨、道具鼓。

回到教室后，众幼儿进行了讨论。

杰韬："这是我们搭建的龙舟，像不像呀？"

东林："挺像的，龙舟就是长长的。"

嘉嘉："我看有点不像，你的龙舟龙头不明显，你不说我都不知道哪个是龙头。"

教师发现幼儿在关注"作品"具体造型，及时展示了龙舟的照片和相关的活动相片，通过直观的图片来支持孩子的观察，把握龙舟的细节。

◆ **幼儿行为分析：**

幼儿在游戏中的表现对应了《指南》中5—6岁幼儿科学领域的数学认知目标之一：能用常见的几何形状有创意地拼搭和画出物体的造型。

幼儿通过小组合作，搭建出了简单的龙舟造型，并发现整体不够形象需要调整。这说明幼儿能结合自己的艺术认知进行创造性搭建，体现出幼儿的自主性学习行为在活动中得到发展。

3. 第三次游戏

众幼儿讨论后决定在班级建构区进行搭建。在搭建过程，嘉嘉发现固定积木块和保持积木块平衡的方法，并和大家分享了自己的经验。

教师把嘉嘉的作品给集体欣赏，在情感和行动上积极支持幼儿对龙舟的探究活动。考虑到材料有限，教师支持幼儿分组合作、实践验证。

4. 第四次游戏

东林、嘉嘉所在的小组把游戏场地定在了炭化积木区。在游戏前，他们设计了造型各异的龙舟，并投票选出将要搭建的龙舟造型。嘉嘉拿着龙舟设计图给组员分配任务，组员分头去找所需的材料。

● 搭建龙尾

东林（黑上衣男孩）选择和小龙搭龙尾，东林看了龙舟设计图，发现设计图中的龙尾是空心的三角形，决定选择用长木板来搭龙尾。

在搭建龙尾过程，东林发现搭好的积木总是会往两边滑。经过思考后，他在积木的旁边放了圆柱体固定。东林观察到他们搭建的龙尾和嘉嘉搭建的龙身距离太远了，于是他和小龙决定把搭好的积木往前挪。

在这期间发生了一个小插曲。小龙不小心把搭好的积木弄倒了，同伴都在责怪他，同组的东林也非常不高兴。受到责怪的小龙怏怏地站到一边，没再参与搭建的游戏。没有合作伙伴的东林，选择邀请雨芸（蓝裙子女孩）和他一起完成搭建龙尾的工程。最终在他们两人的合作下，龙尾搭好了。

● 搭建龙身

嘉嘉、柏羽、俊宇等幼儿选择搭龙舟船身。幼儿有了简单的分工，君鹏、俊宇、诗霖、雨芸搬运长方体积木，嘉嘉、柏羽、小茗就负责把长方体积木进行组装拼搭。很快，他们用堆叠、围合、连接等方法把龙身搭了起来。在用长方体形状的积木搭好龙舟的座位后，一部分幼儿就去滑滑梯了。俊宇（身着黄色上衣的男孩）发现座位之间的距离太近，导致坐不下去。于是，他调整座位，把距离拉大。

● 搭建龙头

嘉嘉尝试搭建龙头，她把自己在建构区的经验迁移到了积木区，没过多久就搭出了一个龙头。

这时，东林经过，说："嘉嘉，你的龙头太小了。"

其他幼儿也附和着说："是啊，龙头太小了。"

嘉嘉听完后，马上把自己搭建好的龙头推倒，跑到其他地方去了。

东林叫上君鹏、柏羽一起来搭龙头。在搭建过程中，君鹏发现圆锥体的积木刚好可以用来当龙的牙齿，于是将其放上了对应的位置。他的行为让牙齿比龙头高，导致两边的高度不一致，长木板多次掉下来。东林有点气馁了。

东林想到了什么，他把两个长长的圆柱体压到木板的一头，长木板暂时保持了平衡，但是稍微动一下也会导致其掉下来。显然东林对这个结果是不满意的。东林在多次尝试中发现了问题的原因，并尝试了相应的解决办法。这说明他具备了初步解决问题的基本经验，但经验连接还不够清晰。

　　教师从东林情绪状态的表现，判断他在搭建活动中遇到了瓶颈，于是适时介入，和东林一起观察圆锥体和短木板的高度差异，引导他思考梳理出问题的关键，从而帮助东林实现经验的突破，推动游戏的继续。通过引导，东林开始选择所需的材料。这时候，雨芸过来和他一起合作，最终两人把龙头搭好了，并贴上了眼睛。

　　"划龙船喽！"
　　跑远的幼儿听到嘉嘉的呼喊声，迫不及待地进入了搭好的龙舟。划龙舟的游戏开始了，快乐的孩子们扬帆起航了。

　◆ **教师支持：**
　　本次游戏场搭龙舟的探索活动结合了《指南》的要点和我园的"启智"阳光教育理念。活动中，教师给幼儿足够的时间、空间去思考，不急于介入指导，幼儿便会自己寻找办法，从而提升了自主探索学习和解决问题的能力，逐渐成长为不怕失败、乐于动脑的阳光孩子。

（五）小结

1. 游戏的特点与价值

"积木成舟"来自幼儿的兴趣，幼儿在与大型积木互动中主动探究，搭建新的龙舟，能用图画形式呈现自己的作品。游戏中，幼儿有独立的思考，也有与同伴的合作和协商，从中获得高度、平衡、对称等知识经验。

2. 游戏活动的反思

教师在观察与支持幼儿的游戏过程中，秉持正确的儿童观，引发幼儿游戏兴趣，能为幼儿提供自由搭建与探索的平台。当东林遇到无法保持木板平衡的棘手问题，无法推进游戏时，教师适时介入，引导东林认识问题所在，支持东林进行持续的探究和深入学习。但是在幼儿搭建龙尾过程，教师没能及时发现小龙的负面情绪，未能进行适当的疏导，未能兼顾每一个幼儿的发展。这是以后的游戏中需要注意的问题。

3. 下一步的支持策略

幼儿对搭建龙舟很有自己的想法，但是语言表达能力尚有欠缺。因此，教师回顾游戏时帮助幼儿梳理想法，引导幼儿用完整有序的语言进行表达，并进一步用图画的形式把游戏内容画出来。教师请家长记录幼儿离园后的想法，发挥家园共育的作用。鼓励幼儿在集体教学、餐前饭后等时间进行分享交流，以此逐步加强幼儿的语言表达能力和自信心。

针对幼儿游戏中遇到的困难，教师和幼儿回顾游戏时，分享一些各领域的人们不怕失败、不断尝试、获得成功的事例，给他们情感鼓励和支持。

幼儿非常希望能搭一艘能在水上玩的龙舟。教师可以和幼儿一起挑战制作一艘能浮起来的龙舟，帮助幼儿认识沉浮的现象。

幼儿认识到龙舟游戏有不同的角色：舵手、鼓手、锣手、划手，他们各有分工。往后"搭龙舟"游戏时，可以让幼儿自主分配角色进行游戏。

四、露营游戏之搭帐篷

——自治区课程基地优秀游戏案例

在一次晨间谈话中，秋秋兴奋地和老师、朋友说，周末爸爸妈妈带他去野外露营了，晚上睡在帐篷里面，还吃了烧烤。

其他幼儿都围过来，纷纷感叹："我也去过露营。"

"我家也有个帐篷。"高阳和轩轩也开心地应和道。

青禾说："老师，我也想搭个帐篷。"

幼儿兴趣愈发高涨。教师倾听幼儿的想法，和幼儿讨论探索如何搭帐篷。"搭帐篷"游戏应运而生。

（一）幼儿兴趣和前期经验

经过两年的幼儿园学习，大班幼儿的建构水平在游戏场和区域活动中得到了很大提升，能够熟练运用延长、围合、垒高、插接、架空等方式搭建物体；初步学会看简单的平面结构图，能基本按照图纸进行建构。

岑溪附近的绿云村、东山公园等地已成为家庭露营网红打卡地。班里好几个幼儿都有跟家人去露营睡帐篷的经历。

第二天早上，众幼儿通过晨间讨论，决定在今天的户外活动时段到幼儿园"野外趣玩"游戏场，开展露营搭帐篷的游戏。

（二）游戏准备

环境条件：岑溪二幼获得自治区幼儿园课程基地建设以来，把户外场地创设为五个游戏场。其中，"野外趣玩"游戏场有竹林、草地、水渠等活动场地，为幼儿提供了亲近自然、探索自然的有利条件。遵从我园提出的时间、空间、材料环境三元素的要求，保证幼儿每天享有2小时的户外活动时间，让幼儿变成环境的小主人。

游戏材料：幼儿在竹棚屋顶贴上请家长写的毛笔字，把野外趣玩游戏场变成了"绿云村"，营造出生活化的网红打卡地。幼儿从家里拿来旧电饭锅、旧平底锅等厨具。老师投放了仿真的蔬菜、水果、家禽（包括鸡、鸭）及鱼等材料，还投放了围裙、帽子、烧烤炉等辅助材料，同时提供了竹子、砖头等探究工具，让幼儿有更多机会参与劳动。

（三）游戏目标

- 幼儿积极参与制作活动，培养语言表达、社会交往的能力。
- 幼儿在与同伴的合作搭建活动中提升建构水平，体验与同伴合作、分享的乐趣。
- 幼儿在解决实际问题的过程中激发探究兴趣，养成积极主动、认真专注、敢于探究和尝试、乐于想象和创造等优良品质。

（四）游戏过程实录

1.讨论计划

幼儿此前没有亲手搭帐篷的经验。

教师在网上搜到一些搭帐篷的视频，利用放学离园前的时间给幼儿观看，让他们欣赏各种帐篷的造型。

教师引导幼儿讨论露营需要什么材料，借助这些材料让游戏更好玩。在教师的帮助和支持下，幼儿收集、投放了木板、炭化积木、锅碗瓢盆、竹竿、各种绳子、夹子、旧床单、旧桌布、扭扭棒、抱枕、地垫、雨伞、简易帐篷等多种常见的材料，满足了不同年龄段及能力水平的幼儿探索的需求。

教师请幼儿说一说"自己喜欢什么样子的帐篷?""想用什么材料?""跟谁一组搭帐篷?"引导幼儿晚上回家做好搭建计划。

游戏计划与规则

（1）幼儿自由选择小组成员，选择搭建帐篷的场地。

（2）小组成员齐心协力，根据实际需求，自主拿取搭建材料，进行装饰。

（3）搭建好帐篷后，邀请客人来做客，并派代表做介绍。

（4）游戏结束后，把材料归位，并将其摆放整齐。

2. 自由露营

野外趣玩游戏场时间，大二班的幼儿自由分组，选择活动材料，开展自由露营活动。有的采用炭化砖组合烧烤架，有的用扭扭棒、绳子和竹竿搭帐篷，有的用竹竿和桌布组合做帐篷。

有一组幼儿直接打开野战场的简易帐篷，铺上小地垫，摆放了小抱枕，在帐篷外用小桌布当迎宾地垫，用一瓶花来装饰空间，布置出一个温馨的乐园。另一小组则支起三根竹子，尝试用扭扭棒和包装绳固定搭建帐篷。

◆ 简要分析：

　　能够自由进行分组，自觉安排明确的分工。

2. 初步尝试搭建

　　幼儿把竹竿、桌布、扭扭棒组合在一起搭建帐篷骨架，经过多次尝试后，他们先用扭扭棒绑住两根交叉的竹竿，再添加第三根竹竿，以形成帐篷框架，但无法将框架固定。两名幼儿轮流用手扶住框架，一名女孩拿来更多的长绳子来绑竹竿。在他们完全放手时，帐篷骨架还是出现了倾倒的情况。

　　"还需要一根竹竿吗？"男孩问。

　　"不用。"女孩明确地回答。

◆ 简要分析：

　　幼儿面临问题时，教师的支持不够到位，应该适时以观察者的身份介入，引导幼儿观察、学习绑竹竿的方法。

3. 突发状况

　　框架搭好了，可是竹竿太高了，桌布只靠一名幼儿盖不上去。两名幼儿合力盖桌布时，帐篷却倒了。

　　男孩主动向老师求帮助："老师，我们这个帐篷整天搭不成。"

　　但他仍不放弃，和三个女孩重新立起框架。两名机灵的女孩经过讨论，尝试在每根竹竿底部各用两块碳卡住，使之固定。

◆ 幼儿行为分析：

在活动中，幼儿能主动探究，大胆尝试，乐于交流，表现出动手操作能力和语言表达能力。

◆ 教师支持：

教师以观察者的身份引导幼儿合力解决问题，鼓励幼儿通过同伴合作，不断探索，培养幼儿坚持、不怕困难的品质。

4. 合力创新

小男孩秋秋拿来一把大大的遮阳伞，挂在绑好的竹竿帐篷框架上。另外一名男孩发现雨伞太重了往下掉，马上选择扭扭棒进行固定。独特的帐篷造型吸引了其他幼儿，他们过来围观，并说道："哇，你们的帐篷太牛了！""这个帐篷太小了吧？"

有人提出再做一个雨伞帐篷，他们这次用了四根竹竿，积极专注地又搭建了一个雨伞帐篷。小男孩向老师求助："叶老师，帮我拿一下，我去拿扭扭棒。"

◆ 教师支持：

教师以参与者的身分介入游戏，问幼儿"怎么样绑呢？"，帮幼儿扶住固定竹竿，并引导他们绑竹竿。

5. 经验梳理

集中总结分享，教师询问幼儿是否遇到困难和问题，是否需要大人帮忙。幼儿总结出：可以用三根竹竿搭建帐篷，但用四根竹竿更稳固；扭扭棒和绳子应该从相交的竹竿下方进行缠绕；竹竿可用炭化砖进行固定；可以用桌布和遮阳伞等辅助材料搭建不同造型的帐篷等。

6. 再次游戏

幼儿下午还想继续玩搭帐篷游戏。教师尊重他们的愿望，给予充分的游戏时间。幼儿再次自由分组，做好搭建计划。

一名男孩把竹竿放平在草地上以比较其长度，他选择了四根差不多长的竹竿，随后用绳子和扭扭棒进行搭建。然而，帐篷框架太高了，两名女孩子灵机一动，站在小凳子上以增加高度。两人合作，终于成功地把桌布搭在了帐篷上。

◆ 简要分析：

幼儿盖桌布经历了"失败—尝试—再失败—再尝试"的过程。幼儿能感知空间方位，能利用凳子提升高度。

7. 整合材料

幼儿利用野战场的材料（两个大圆筒和窗帘布）搭建帐篷，添加了生活材料如花瓶、杯子、抱枕等，邀请了几个好朋友在帐篷里享受悠闲的露营时光。

◆ 简要分析：

　　幼儿不再限制于用竹竿搭建帐篷，他们结合已有的生活经验，充分运用身边的游戏、生活材料，以物代物，不断创新游戏玩法。他们享受游戏的乐趣，能热情地邀请朋友来自己的帐篷做客，用游戏模拟现实生活。

8. 经验提升

　　幼儿用四根竹竿搭成了两个帐篷框架，三人合力把桌布盖在框架上形成一个搭帐篷，并设法用扭扭棒把桌布固定在竹竿上。

◆ 简要分析：

　　幼儿在搭帐篷的实践活动中体验搭建成功的快乐，获得满足感和成就感。

（五）小结

1. 游戏的特点与价值

幼儿在自主探索中，面对问题时表现出积极、专注、坚持的品质。

通过重复"实践—验证—结论（调整）"过程，幼儿不断发展探索能力：在操作中，他们能发现材料的特性及其相互间的联系，了解工具的适用范围、长度、形状等，尝试用比较、覆盖、捆绑搭支架等多种方法搭帐篷。

在社会性发展方面，幼儿能自然地建立合作关系，共同克服困难。

就健康领域而言，幼儿的手部精细动作（如绑、扎、绕、铺等）不断得到锻炼。

在语言发展方面，幼儿乐于发表看法，与不同的同伴交流。

而至于艺术领域，幼儿通过游戏，感受生活的乐趣，亲近大自然，创造生活的美。

2. 游戏活动的反思

本活动是源于幼儿的兴趣，基于幼儿的生活经验，在活动中充分发挥了学习的积极性、主动性。幼儿在搭帐篷的活动中遇到各种困难时，没有退缩，而是想办法解决困难，经历了"失败—尝试—再失败—再尝试"的过程。搭帐篷活动不仅使幼儿合作水平和解决问题的能力得到提高，也帮助他们养成耐心、坚持、不怕困难等品质。幼儿在宽松愉悦的氛围中，对感兴趣的事物进行主动探究，大胆尝试，并乐于交流，展现出动手操作能力和语言表达能力，在搭帐篷的实践活动中体验成功，获得满足。

《纲要》指出，科学教育的培养目标是培养幼儿对周围事物、现象感兴趣，有好奇心和求知欲，能运用各种感官，动手动脑，探究问题，能用适当的方式表达、交流探索的最好诱因。《指南》指出，教师要最大限度地支持和满足幼儿通过直接感知、实际操作和亲身体验获取经验的需要。

本次活动中，教师为幼儿提供了大量的操作材料，允许幼儿不断试错。幼儿在充足的时间、空间和安全愉快的环境中，运用不同的材料搭建、装饰的帐篷，不断探索、验证搭建帐篷的方法，体验搭帐篷的快乐。

五、赶小猪

——优秀民间体育游戏活动案例

《纲要》和《指南》指出，让幼儿在愉快的游戏中学习，融幼儿教育于游戏中。民间体育游戏是幼儿喜爱的游戏活动之一，是集游戏性、趣味性和教育性于一体的幼儿体育活动，对促进幼儿的健康发展具有重要的意义。

我班幼儿某次到搭搭乐游戏场的草坪进行自主游戏。欣欣、诗诗等几位小朋友发现竹门、竹球、球杆这些新材料，立马激发了玩球的兴趣。众幼儿都特别想玩，于是就地取材，开展了"赶小猪"游戏。

（一）幼儿兴趣和前期经验

我班幼儿平时很喜欢玩球，此前玩过"海底捞月""合作接推球""看谁反应快""篮球小游戏"等球类游戏，积累了一定的前期经验，并且表现出对球类游戏的浓厚兴趣。

（二）游戏准备

园所宽阔的草坪，为幼儿提供自由开展游戏的场地。

教师利用自然材料，制作竹门、竹球、竹球棍；准备一些木板鞋、自制木高跷、竹制独轮小推车，红色、绿色大塑料篮各两只。

（三）游戏目标

- 对活动感兴趣，体验游戏带来的快乐。
- 知道不同游戏材料的名称和玩法。
- 能自主探索，尝试各种玩法。
- 发展动作的协调性，培养合作意识和团队精神。

（四）活动内容与过程实录

1. 初期阶段：生成"赶小猪"游戏

众幼儿把竹门拿到草坪中间放好。几名幼儿用球棍反复把"小猪"（小竹球）赶进竹门。

欣欣和海杏说："好玩！"

突然，冠文小跑过来对军宇说："我们交换一下好不好。"

军宇不愿意，冠文说了一句："哼，我不和你好了。"

佳佳和文文说："老师，我也想玩'赶竹球'（小猪）。"

其他小朋友也抢着说："我也要玩！我也要玩！"

但是由于球棍数量有限，教师说："那苏老师找材料多做一些球棍，下次我们大家一起玩'赶小猪'。"

众幼儿都高兴地说："太好了！"

◆ **幼儿行为分析：**

众幼儿对新奇、少见的器械充满好奇心，对其产生浓厚的兴趣。但游戏器材太少，不能满足所有幼儿同时游戏的需求，进而限制了幼儿兴趣的进一步发展。

游戏初期，由于幼儿生活经验少，且刚刚接触新游戏，所以游戏内容简单，情节呈现单一且比较零散的特点，动作相对简单且是重复的，幼儿之间的合作较少。

◆ **教师支持：**

教师找来竹子，多制作一些球棍，增添游戏材料，尽可能满足所有幼儿一起游戏的愿望。

自主游戏结束后，幼儿回到教室分享刚才的游戏。教师结合之前玩过的"篮球小游戏"等球类游戏的经验，组织"'赶小猪'怎么玩"的谈话活动，引导幼儿讨论并制定游戏计划。最终幼儿定下玩法：把竹门摆在左右两边，竹球"小猪"放中间；分成男女两队，女队把"小猪"赶往右门，男队赶往左门；看哪队赶进门的球最多。

2. 探索阶段：尝试玩"赶小猪"游戏

再次轮到我班幼儿到草坪进行自主游戏。众幼儿按计划，尝试"赶小猪"游戏。幼儿把竹门摆好，开始兴奋地奔跑，把场中的"小猪"赶进竹门。

没过多久，他们发现球进了门之后会往外滚。聪明的李子洋说："我们可以找一个大篮子放在门后面。'于是，他马上去拿了篮子。

子洋接着又说："要是有裁判就好了。"

众幼儿回应："那我们请老师来当裁判吧。"

这样，教师充当了游戏的裁判，众幼儿继续分组玩起来。

不少幼儿掌握了控制球棍、赶球进门的方法，大家都玩得非常开心。

◆ 幼儿行为分析：

　　幼儿能在玩的过程中发现问题，并找出解决问题的方法。

　　游戏材料与玩法具有操作性强、趣味性浓的特点，加之"赶"和"控"的动作对幼儿有很高的挑战性，幼儿能全身心投入，把"小猪"往自己的门赶。

◆ 教师支持：

　　教师在活动中激发幼儿的好奇心，引导他们在结合以往经验，探索"赶小猪"游戏的玩法；从个别尝试，到集体分享、小结，再探索出新的游戏规则和玩法，循序渐进地引导幼儿通过亲身体验，获取经验，满足其求知欲望。

3. 提升阶段：丰富"赶小猪"游戏情节

　　经过前两次游戏，幼儿的想法越来越丰富。他们开始讨论：怎样更好玩。

　　欣欣说："分成两个组，玩一个球，我们来比赛。"

　　军军说："我来当裁判吧。"

　　浩然说："我来守门。"

　　文文说："我也来守门。"

于是幼儿分成男女两组，进行分工合作，共同布置比赛场地。

随着裁判的哨子一响，游戏开始了。

两组幼儿争着去抢"小猪'，赶"小猪"，你追我赶，好不热闹！眼看女队就要把"小猪"赶到家门口了，又被男队赶走了，一时间"战况"异常激烈。

裁判也激动地说："快点赶，阵栩霆。"

男队守门员也跟着喊："加油，兄弟，我们一定要赢！"

又是一番激烈的争抢，男队突破了女队的防守，终于把"小猪"赶进了家门。他们高兴得欢呼起来。

接着，裁判又拿来一个"小猪"，游戏继续。

在双方场上队员都玩得起劲时，而守门员只能一直为队友喊加油。

比赛结束后，教师和幼儿一起评析比赛结果。

◆ **幼儿行为分析：**

　　幼儿在整个活动中基本能全身心投入，兴致极高，能体验成功带来的喜悦；幼儿随着"小猪"方向和快慢的变化，调整手部的方向和力度，手眼协调性、身体灵敏性都得到了发展；幼儿的团队意识、合作意识越来越强，协同合作的方式也越来越灵活；幼儿能自主分工，了解不同角色的职责，有序开展游戏。

（五）小结

1. 游戏的特点及价值

"赶小猪"充分利用自制体育器械，开展户外体育活动，能有效激发幼儿的活动意愿，有助于幼儿培养参加体育活动的兴趣和习惯，增强体质，发展协调性和灵活性；使幼儿在运动中得到发展，在运动中获得快乐，养成自信、进取、勇敢的良好品质，体验探索、合作的快乐。

"赶小猪"游戏可玩性非常强，也是一项民俗体育小游戏，具有很强的推广性。

2. 游戏活动的反思

教师为幼儿提供自由、宽敞、舒适的活动空间，提供足够的环境支持；充分利用各类半成品、回收闲置材料，为幼儿提供充足的游戏材料，引导幼儿不断创新玩法，丰富活动的内容。

活动中，教师进行有效观察与适当指导。

活动后，教师帮助幼儿进行总结与反思，回顾、梳理已有经验，激发幼儿进一步探索的欲望，支持和引导幼儿从原有的水平向更高的水平发展。

整个活动循序渐进，幼儿不断改进、调整、优化游戏的形式和内容，游戏难度逐渐提升，内容不断丰富。幼儿的发展也是一个持续、渐进的过程，在特定时段会表现出一定的阶段性、差异性。教师在活动过程中要充分理解和尊重幼儿发展的个体差异。

在这个游戏中，幼儿各方面能力得到了提高。苏联教育家克鲁普斯卡娅指出："游戏对于幼儿是学习，游戏对于幼儿是劳动，游戏对于幼儿是重要的教育形式。"在这个"赶小猪"案例中，幼儿根据自己的兴趣和需求，开展生动、有趣、有创意的游戏活动。幼儿随着自主游戏的不断推进，形成了团结合作、分享与交流的良好习惯，促使幼儿语言表达能力进一步提升；幼儿在游戏中的发现与探索、讨论与分享，又促使着游戏活动的不断推进。这样的良性循环不仅有助于培养幼儿的各项技能、能力，也有利于培育幼儿的学习品质。

六、新发现　新玩法

——"野战场"游戏场案例

《指南》将幼儿园的教育内容划分为五个领域，其中包括了"健康"领域，"发育良好的身体、愉快的情绪、强健的体质、协调的动作、良好的生活习惯和基本生活能力是幼儿身心健康的重要标志，也是其他领域学习与发展的基础。"

野战场，以《指南》以及我园的"阳光课程"为指导，尊重幼儿兴趣，结合幼儿生活经验，给幼儿提供一个展示自我、合作互动的平台，让他们去参与、去体验、充分感受团队合作带来的"战果"，分享成功的喜悦。

（一）幼儿兴趣与前期经验

经过了一学期的野战场游戏，幼儿基本达到了上一学期定的目标。大部分幼儿能流畅地进行游戏，对解放军有初步认识，感受到游戏的乐趣。

（二）游戏准备

游戏材料：仿真的防弹衣、头盔、医疗设备、枪、炸弹等角色道具，沙包、轮胎、滚筒、轮胎、沙包、九宫格、迷彩网等辅助材料。

（三）游戏目标

● 进一步了解解放军，培养对英雄的崇敬之情，培养爱国情感。

● 增强体能，自由探索，发展动作与思维。

● 培养坚韧品质、团队意识、协作精神。

（四）游戏过程实录

1. 升级的野战场

在野战场游戏场，有部分幼儿在场上乱跑，个别幼儿在整个游戏活动中不知道在干什么，也缺乏团队意识，没能将游戏进一步地进化、深化。

教师进行一段时间的观察，并与幼儿交流后，发现他们对军人的了解和认识还比较单一、浅薄，如认为军人只会对战、只会打击敌人、不怕死等。

一些幼儿发问："每次都是对战游戏？！"

教师进行初步分析，认为可能因为游戏场的名字是"野战场"，使教师和幼儿将游戏场景限定在战场上，游戏的形式也是模拟在战场上的对战的方式，所以我们的思路变窄了。

那可不可以换一种方式开展野战场的游戏呢？

教师们经过讨论，尝试调整"野战场"的切入点，引导幼儿认识到：军人日常不只是对战，还会有训练、比赛等等。制定野战场的游戏计划时，增加抗洪、救灾、保护群众撤离、常规训练、技能比赛等丰富主题，使游戏内容更加丰富多彩，以促使幼儿得到更加全面的发展。

游戏前，教师引导幼儿对队伍进行整理，以提振幼儿的精神面貌，加深对军人的形象理解。

学站军姿

学敬礼

2. 沙包的创意运用

经过多次游戏，教师发现：幼儿对沙包的运用都是比较单一，搭建的"堡垒"会不稳。

教师有针对性地与幼儿进行交流，引导幼儿自主观察分析后，认识到：沙包需要按规律整齐摆放才不易倒。

一起观察沙包

教师做演示　　　　　　　　　　幼儿把沙包摆齐

　　在游戏中，多数沙包被幼儿用做遮掩物。

　　教师提出启发性问题："沙包还可以怎么用、怎么玩呢？"引导幼儿探索、开发沙包的多种用法。

　　幼儿自主探索、交流沙包的使用。

　　幼儿边搭建边探索，慢慢地做出了一条沙包桥，然后继续尝试、调整。

幼儿把沙包摆齐

调整沙包桥

3. 躲避游戏：注意，小车冲过来了！

躲避、隐藏的动作，在以往游戏场游戏中很少见。野战场中，幼儿通常以冲锋状态，冲到"阵线"的面前直接"交战"。有时很难判定谁先"阵亡"。

而有部分幼儿采用的是"龟缩"战术，在阵地里不出，随后逐渐发展成新的游戏形式。幼儿分队，利用沙包等障碍物，设置一条阻挡敌方进攻的防线，然后在防线内观察战况。如果防线被破，则要躲避攻击。

游戏开始，教师骑着车，朝幼儿的沙包防线驶来了！

幼儿升级了防线。道路被封住，车没法通过。
教师绕行到防线的后方。

幼儿在寻找教师，问："咦？老师呢？"

教师从后方突破防线，开始进攻。
幼儿："'敌人'攻进来了，快躲避攻击。"

4. 隐藏游戏：趁其不备

教师和幼儿一起开发了"趁其不备"的隐藏游戏。

幼儿分组，搭建或利用游戏场中的器械、材料，来做阻挡敌方视线的障碍物，设法隐藏自己。

隐藏起来的幼儿

双方趁敌人"睡着"时，偷偷靠近，趁其不备，击败敌人。如出击一方被发现，需返回起点，重新出发。

被发现后冲回起点

5. 整合游戏：队旗守护战

经过了一段时间的技能训练，幼儿尝试把多种技能融合到游戏中去，从化整为零到化零为整。

两队以保护自己队旗、夺取对方队旗为目标。

游戏开始，双方各自设立防御措施，确保自己的队旗不轻易被夺走。

严阵以待

多人严防

幼儿观察进攻线路，设法夺取对方队旗。

先夺取到对方队旗的一队获胜。

寻找机会，迅速下手

（五）小结

1. 游戏的特点与价值

野战场创设之初，就明确了该游戏场的目标是培养幼儿阳光开朗、积极向上的精神风貌。

野战场游戏具有互动性与趣味性，幼儿得以在参与中体验合作与竞争的双重价值，进而促进团队协作意识和集体荣誉感的形成。游戏中的角色扮演及情景模拟，有助于幼儿理解社会角色及规则，进而培养其社交技能和问题解决能力。同时，游戏中的挑战与障碍，能锻炼幼儿的意志力和抗压能力，使其在面对挑战时能够持续努力，寻找解决问题的途径。

通过这些游戏活动，幼儿不仅在身体上得到锻炼，也在心理和情感层面获得成长与发展。

2. 游戏活动的反思

之前，野战场的负责教师都以"两军对战"为切入点，开展野战场的游戏活动，主要针对"对战游戏"模式进行深挖。渐渐地，部分幼儿对于对战模式产生了疲倦，对野战场游戏场慢慢失去了热情。

教师经过讨论、研究，尝试把对战的游戏模式进行调整，引导幼儿有针对性地锻炼特定的游戏技能技巧。游戏形式逐渐丰富多样，绝大部分的幼儿能投入其中，野战场的游戏场又活起来了！

3. 下一步的支持策略

教师鼓励幼儿更加积极地参与到游戏计划的制定和执行中，激发他们的创造力和想象力的同时，学会与他人沟通和协作，以达成共同的目标。

教师引导幼儿自主设置不同难度级别的挑战，增加游戏乐趣、挑战性的同时，促使幼儿加强面对困难时的应对策略、解决问题的能力，并尝试将游戏中学到经验、技能和策略迁移应用到现实生活中。

随着游戏活动的不断深入，教师可尝试将野战场游戏与其他教育领域相结合，如数学、语言、科学等，使幼儿在游戏的同时，也能接触到多种学科的知识，实现寓教于乐的目的。

七、搭搭乐　在于乐

——"搭搭乐"游戏场案例

　　《纲要》的第一条明确指出，"幼儿园必须把保护幼儿的生命和促进幼儿的健康放在工作的首位。"《指南》提出："幼儿正处于身体和心理发育与发展的最初阶段和重要时期，维护和促进幼儿健康是第一位的，也是最为重要的。"

　　"搭搭乐"游戏坚持"以幼儿为本"的理念，从"身心状况"和"动作发展"两方面出发，引导幼儿自主探索、愉悦创造，运用走、跑、跳、钻、爬等有一定力量、耐力要求的动作，锻炼感官灵敏度、手脚灵活性、肢体协调平衡能力，进而提高身体素质，促进身体健康。

（一）幼儿兴趣与前期经验

　　幼儿在动作发展、体能耐力方面已有一定的基础，也对户外游戏抱有浓厚的兴趣，并且能有目的、有步骤、有秩序进行构建。

　　班级上的幼儿动作发展水平也存在着一定的差异，个别幼儿的动作协调性不够，欠缺面对和克服困难的勇气，对环境的适应力、对疾病的免疫力较差。为此，教师在设计组织活动时综合考虑幼儿多种动作的发展，兼顾幼儿的个体差异，优化幼儿每日"2小时"户外活动。

（二）游戏准备

如果提供的材料难度相同，对一部分幼儿而言，难度较低，轻松完成后便会失去兴趣，不利于游戏的进一步开展；而对另一些幼儿来说，可能又过难，通过努力也无法达成，也容易失去兴趣。因此，我们在了解每个幼儿发展水平的差异，在游戏场内是供难易程度不同的材料，供不同的幼儿自由选择。如针对喜欢挑战的孩子，投放大型炭化架、攀爬架、梯子等大型户外器械；而对喜欢搭建的孩子，投放单元砖、户外积木等。

此外，园所还因地制宜，广泛搜集和充分利用本土资源、现有资源，自制多种竹制玩具，投放各种回收物品，开发既有体育器械的"新"功能，实现多维效应，不断丰富幼儿的选择，引导幼儿探索创新，在游戏中体验成功的乐趣。

（三）游戏目标

● 提高幼儿的建构水平和能力，促进幼儿的认知发展。
● 引导幼儿增强合作意识，培养良好的行为习惯和意志品质。

（四）游戏过程实录

1."搭搭乐"游戏

教师引导幼儿对场地进行规划，合理利用器械，运月轮胎、竹梯、滚筒、大型炭化器械等，自主设计游戏玩法。

制定游戏计划

教师鼓励幼儿分队，选出队长；引导队长进行一详细的任务分配，如依据各人优势，分配物品搬运、场地布置等任务。

材料准备

　　小组完成初步搭建并尝试游戏。

鼓励幼儿自主进行游戏。

幼儿交流（发现问题、解决问题）

游戏总结

2. 游戏拓展："战争"游戏

幼儿忙碌的身影、投入的神情、兴奋的样子，生动地展现出前所未有的、强烈的游戏意愿。

教师兴奋地在一旁观看着，意外目击一场激烈的"战争"。

边上的空地上，有炭化梯做的隔断，几个男孩在兴致盎然地玩战争游戏。他们时而对抗，各自用木块当手枪，对阵火拼；时而又是战友，一起扛着"机枪"向同一方向扫射；一会儿，有人扮成司令员指挥"战争"；一会儿，又有人扮成通讯员，联络后方请求支援……那散落在四周的木块、竹筒、木板等，有时是"手榴弹"，有时是"机关枪"，有时是话筒，有时又是坦克的方向盘。"战斗"一度相当激烈，可对阵双方并没有非要争个输赢。

3. 游戏升级："连起来"

我们游戏场有炭化梯、木板、板凳、炭化架等很多材料。这些材料有个特点，就是幼儿需要一起合作才能搬动、组合。

游戏开始前，教师启发幼儿，道："你们的器械能连起来吗?"

搭建游戏开始了，有些幼儿把各种材料组合起来，连接在一起，形成了一条复杂的"闯关路线"：幼儿需要经过一段用木凳搭成的"梅花桩"，要钻过用圆拱搭成的"防空洞"，然后爬上用梯子连接的攀爬架。

幼儿一个接一个，积极闯关，一时间场面蔚为壮观，教师颇感欣喜。

（五）小结

1. 游戏的特点与价值

游戏场结合主题式课程，是围绕特定主题，鼓励幼儿自主观察、探索现象和事物，教师适时适度给予支持和引导的系列活动。其特点是：有核心，有主体，有连续性和发展性。

"搭搭乐"游戏场的主题尽可能贴近幼儿的生活，与课程主题、传统节日、亲子活动相融合，充分利用家园合作资源，引发幼儿的学习兴趣，满足幼儿的成长需求，促进幼儿主动全面的发展。

2. 游戏活动的反思

"搭搭乐"游戏场最初定位为建构场地。而"搭搭乐"是不是只能玩建构游戏呢？"搭搭乐"如其名，游戏的目的与内容倾向于"搭建"——但这是我们成人的设定。

在幼儿看来，"搭搭乐"游戏场只是游戏场地，所有他们能用的材料都是游戏材料，他们运用材料进行搭建也是出于游戏的需求。我们教师要做的是：帮助他们把前期经验结合到游戏中去，游戏后帮助他们回顾、梳理经验，生成新的学习经验。

教师尽量不干涉幼儿游戏，给幼儿发展的空间，充分满足幼儿表达和表现的需求，让幼儿在游戏中得到多方面的锻炼，培养他们的合作能力、创造能力。

《纲要》中提出，教师应"尊重幼儿在发展水平、能力、经验、学习方式等方面的个体差异，因人施教，努力使每一个幼儿都能获得满足和成功"。同年龄阶段的幼儿在发展上也是不尽相同的。在活动中，教师鼓励幼儿自由选择同伴，让幼儿带幼儿，使他们在活动中能相互学习、相互交流、相互评价；让幼儿带着愉快的情绪参加体育活动，幼儿活动的时间就会自然延长，进而提高幼儿活动的持久性；仔细观察幼儿发展中的个体差异，对活动作出相应的调整。

3. 下一步的支持策略

教师作为幼儿游戏的引导者和支持者，深入理解幼儿学习方式、行为方式、活动方式，根据幼儿的年龄特征，有针对性地设置游戏内容；在游戏过程中，关注幼儿的集体共性，也关注幼儿的个体差异，有目的地观察、倾听和判断，因材施教，给予适时、精准、有效的指导，保证每位幼儿都能积极参与，乐在其中，在游戏中发展和进步。

八、我的舞台我做主

——"快乐大舞台"游戏场案例

表演游戏是一种深受幼儿喜爱的活动。我园深入研究、挖掘其教育价值，将之由单纯以发展幼儿语言为目的，转变为包含多种教育因素的系列活动，引导幼儿学习和锻炼多种能力。

"快乐大舞台"是根据《指南》以及我园的"阳光课程"为指导，尊重幼儿的兴趣，为幼儿提供展示自我的平台，引导幼儿结合已有经验，自主搭建舞台，并大胆进行讲述、演奏、唱歌、舞蹈等表演活动，感受自主搭建、尽情表演的乐趣。

（一）幼儿兴趣与前期经验

大班幼儿已积累一年多的表演游戏经验。

经过此前"小马过河"等表演游戏，幼儿对表演的兴趣大有增加，能参与创编活动，按意愿选择角色，合作游戏能力逐渐提高，会协商及轮流扮演角色。但幼儿还不能随着故事情节的发展，做出相应的表情。

（二）游戏准备

表演游戏的主题是幼儿经过讨论生成的，所需材料主要是家长协助收集、经过消毒处理的废旧牛奶箱、化妆品、表演服装等。游戏氛围欢乐，形式多样，旨在让幼儿在"玩"中锻炼语言、表情和动作，同时学习与同伴协商解决问题，并在与同伴的交往中获得快乐体验。

（三）游戏目标

1. 认知目标

● 熟悉各种舞台搭建材料、装饰品、服装，并将运用到游戏中。

2. 技能目标

● 能综合运用架空、平铺、围合等方法搭建舞台、场景。
● 能用绘画、符号等做游戏计划，和同伴分享，讨论玩法。
● 用"以物代物"的方法，设计制作简单的舞台场景。
● 学会按意愿选择并扮演角色，理解有关作品的主要情节和角色特征，发展表现力、想象力、鉴赏能力。

3. 情感目标

● 感受表演带来的快乐。
● 在活动中积极、合作、愉悦。

（四）游戏过程实录

1. 游戏一：歌舞表演

● 经验回顾

不少幼儿有跟随家长外出表演或观看表演的经验。

教师引导幼儿观察或回忆舞台布置、表演的流程，使幼儿了解表演前需要化妆、表演时要遵循剧本、观看时要保持安静等。

化妆经验

表演经验

● 制定计划

幼儿讨论，自主发起游戏。教师记录、梳理幼儿既有经验。

月月："我们搭一个漂亮的舞台，在上面快乐地跳舞、唱歌。"

欣欣："要有售票员、验票处。"

子轩："还有漂亮的幕布。"

于是，幼儿分小组讨论：谁负责服装区？谁负责搭建舞台？需要什么材料？今天谁来做主持人？谁来做验票员？

幼儿绘制、讨论游戏计划和分工。

● 游戏化妆

根据前期经验，幼儿能独立进行简单地化妆，寻找材料装扮自己。

教师不限定幼儿的活动范围和所使用的材料、道具，鼓励幼儿大胆装扮自己，以培养他们的自信"美"。

● 寻找材料搭建舞台

首先，伊伊、如林找来大号的长方体积木，用以围出舞台区域。

随后彤彤、圳炜找到了九宫格来搭建舞台，用长方体、三角柱等不同形状的积木搭建舞台的出口和入口。

"瞧！我们的舞台搭建完成啦。"

● 购票进场

幼儿遇到问题：大家都想做售票员。

子杨："我们可以轮流做呀。"

"那谁先做呢？"

"我们剪刀石头布决定。"

最终，由圳炜和梓晴先来当售票员。

幼儿通过搭建舞台或在其他区域"工作"来获取"钱币"后，纷纷买票看表演。

幼儿通过自己的方法，解决售票员人选和"钱币"使用的问题。

● 歌舞表演

幼儿自由选择角色进行游戏，分别担任演员、观众、主持人和其他工作人员。

表演开始。

开始只有一名幼儿进行表演。演员和观众的人数逐渐增多。

经华、杰铭找来了圆柱插管积木当喇叭，给演员们伴奏。

整个过程中，幼儿是自由自主的。

◆ **幼儿行为分析：**

幼儿活用游戏材料，与同伴互动，协商制定规则，发现并解决问题，还学会以物代物。

游戏人数不断增多，游戏内容和材料不断丰富，反映出这个游戏是"幼儿基于内在动机的选择、主动参与活动的快乐过程"。

幼儿主动参与到活动全过程中，体现了幼儿"自主、专注、愉悦、探究"的特点。准备阶段，幼儿积极使用材料，与同伴协商制定规则，自主进行分工；表演时，幼儿大胆参与，积极投入，发现并解决问题，获得参与感、成就感、游戏乐趣等积极的情绪体验，也收获对美的感受和体验，增强了自信心、解决问题的能力。

2. 游戏二：我型我秀

幼儿欣赏模特走秀视频，初步了解模特的走姿和造型。

幼儿根据计划，选择搭建 T 台的材料，搬运材料至建构区域。

幼儿调整位置，搭建 T 台，确保安全性，设置漂亮的灯光、幕布、入场处、出场处等。

幼儿画出游戏计划　　　　　　　幼儿分享游戏计划

幼儿合作搭建 T 台

◆ **教师支持：**

　　"我型我秀"是一项轻松愉悦的活动，应给予幼儿充足的场地和材料，让幼儿充分发挥主体性，提高幼儿游戏的能力和水平。

　　活动过程中，教师给幼儿提供开放的游戏环境、思考探究的空间，不做过多干涉。幼儿在遇到问题时，能自主探究尝试、集思广益、共同解决。

3. 游戏三：超市欢乐多

● **幼儿讨论，升级游戏**

"我型我秀"对幼儿的吸引力逐渐减弱，有的拿着衣服穿了又穿，摆几个造型一会儿就没兴趣了。

不少幼儿反馈："这些材料我玩腻了，不想玩了。"

有人提议："开超市"

耀孔："我喜欢。"

幼儿纷纷说："我也喜欢。"

俊杰："我想当收银员。"

圳炜："我想当导购员，可以帮助别人快快找到需要的物品。"

另几名幼儿说："我们可以摆货架。"

● 回顾逛超市的经验

在开展游戏前，教师引导幼儿回顾他们逛超市的经历。

子杨："我进了超市，就发现有收银台，还有无人收银台。微信扫一扫就可以了。"

圳炜："看到很多货架，而且是分类好的。有牛奶区、饮料区，还有玩具区，还有零食区……"

彤彤："我发现有很多穿有工作服的工作人员（导购员）。"

经华："超市的东西真多。"

● 做游戏计划

幼儿纷纷议论："怎样搭建超市?""需要什么材料?""谁来摆货架?""谁做收银员等角色?"

子杨的游戏计划

子杨向同伴讲解超市搭建在什么地方，需要什么材料。

子杨分享计划

● 搭建超市

● 超市购物游戏

游戏开始！完成搭建任务的"劳动者"领到了相应的工资，于是他们开始有序购物。

如林："我家的洗衣液昨天用完了，我需要采购一些回去。"

秋秋："八宝粥真好喝！我买一些回去跟弟弟分享。"

彤彤："我有钱啦，是昨天我在美工区卖作品的钱。"

通过模拟买卖，幼儿认识钱币并了解钱币的用法。

子杨："卖烧烤咯，卖烧烤咯！两元一串。"

大家听到子杨的吆喝声纷纷来了。

杰铭："老板有不辣的牛肉串吗？"

子杨："有！"

杰铭："要五串。"

子杨就开始熟练地操作，很快牛肉串就烤好了。

永恒："我要豆腐皮不辣，可以扫码支付吗？"

子杨："刚烤好的，小心烫哦！"

邓辉："烧烤，香喷喷的烧烤，五元一串！"

秋秋："那么贵？"

子杨："不贵，不贵。我的串得很多，吃一串就饱了，而且味道很好。"

秋秋："那就来一串吧!"

秋秋："哇，是真的好吃，而且很多肉肉。"

就这样，邓辉的烧烤摊生意越来越好了。顾客越来越多。

幼儿改变烧烤店的位置，把烧烤架"移动"到"就餐区"（攀爬墙空地），减少了顾客的等待时间，提升了"就餐效率"，幼儿展现出较强的应对和解决问题的能力。

4. 家园共育

这项游戏之所以能顺利推进，离不开家长的配合。通过良好的家园合作共育，家长逐渐理解游戏、认同游戏、支持游戏。

家长们参与游戏

家长们对游戏场活动的肯定

（五）小结

1. 游戏的特点与价值

　　活动以幼儿为本，基于幼儿的视角，符合幼儿的兴趣与需求，鼓励幼儿再现生活情境，尊重幼儿的创意玩法。

　　在游戏中，幼儿作为一个小小的"社会人"，需要遵循一定社会规范和道德要求，并且要服从共同的行为规则。幼儿在游戏中扮演各种角色，是他们对现实社会角色进行认知、学习和实践的过程。

2. 游戏活动的反思

教师综合运用多种策略，有效推进游戏进程。教师结合幼儿前期角色游戏的经验，提供充足的游戏时间，创设适合的游戏环境，收集丰富的游戏材料。教师适宜介入，推动游戏活动向更高水平发展。

3. 下一步的支持策略

投放丰富的游戏材料（可请家长配合收集），支持幼儿探究。

根据游戏主题和幼儿兴趣，及时调整游戏材料。

充分了解幼儿原有经验基础，提供更充足的时间、空间，给予幼儿支持，以激发他们参与游戏的欲望。

注重游戏后评价。

九、主题搭建，妙思无限

——"主题搭建"游戏场案例

　　"主题搭建"游戏是根据《指南》和我园"阳光课程"理念，利用宽阔的户外场地，将户外建构游戏材料和日常的游戏材料有机结合，旨在创设一个材料丰富、功能多样、氛围轻松、多龄段共享的游戏场，让幼儿在其中自由游戏，成为"好探索、乐体锻、守规则、会交往"的阳光孩子。

　　在"主题搭建"游戏场轻松自然、平等友好的游戏氛围中，幼儿主动、自由地利用各种不同的日常材料，塑造物体，再现情境，反映生活，丰富感知和体验，发展空间想象力、创造力、动手能力。同时，幼儿在此过程中学习与同伴分工协作完成任务，这不仅促进幼儿社会性的发展，还培养了他们合作精神、解决问题的能力。

　　根据幼儿的兴趣和班级主题活动，预设四个搭建主题："神奇的货架""高高的楼房""龙舟划起来""水上乐园"。在此以"高高的楼房"和"龙舟划起来"为例。

（一）幼儿兴趣与前期经验

　　中二班的幼儿积累了一定的游戏经验，对游戏场的活动保持浓厚的兴趣。在主题搭建游戏中，幼儿能够使用平铺、连接、围合、垒高、架空等技能。部分幼儿能根据自己的需求去选择材料，运用拼插、砌接等方法搭建物体。幼儿可以进行简单的协商、合作，能坚持完成自己的作品，并能利用搭建的作品进行角色游戏。

（二）活动目标

1. 认知目标

- 知道各种材料的特征和用途，较充分、合理地运用各种材料。
- 拼搭自己熟悉的物体。
- 合作搭建主题场景。

2. 技能目标

- 自觉爱护游戏材料，较有秩序地收拾、摆放玩具及活动材料。
- 运用多种技能、不同材料，进行不同主题的搭建，并尝试简单装饰。
- 用图画或其他符号做计划和记录游戏。

3. 情感目标

- 积极参加活动，在活动中感到快乐。
- 热情主动地和同伴交往，共同协商解决问题。
- 敢于表达自己的意见和要求。

（三）游戏过程实录

1. 主题一：高高的楼房

　　三月，我们开展了"去逛街"主题活动。幼儿对逛超市、造高楼、造桥等活动产生浓厚的兴趣。因此，我们在主题搭建游戏场，鼓励幼儿利用场内材料，搭货架，起高楼。

　　在主题逐步推进的过程中，幼儿对叠高积木产生了浓厚的兴趣，不断尝试不同的材料，挑战谁搭得高。

● 激发兴趣，初次尝试

第一次游戏，教师先在教室引导幼儿讨论：你住的房子是怎样的？你想搭一座怎样的房子？

讨论激发幼儿对楼房的兴趣。幼儿来到游戏场，结伴自由探索如何搭建高楼。

对于搭建计划，幼儿各自有着不同的想法。

思凝认为：高高的楼房就是比"我"高的房子。

思凝的楼房设计图　　　思凝与高高的"楼房"

桐桐和嘉敏认为：房子就是一层一层的。

桐桐和嘉敏的楼房设计图　　　桐桐和嘉敏的"楼房"

有一组幼儿是用纸箱进行搭建的。

众幼儿很困惑：为什么在纸箱面搭建的房子会摇摇晃晃，而在地面搭建就能搭建成功？

活动结束，教师和幼儿一起参观搭建作品，并评析各作品的稳固程度。经过观察分析，众幼儿发现不稳的房子下面有奶粉罐，但说不清楚房子不稳的确切原因。

● 游戏回顾

回到教室，教师和幼儿观看记录搭建过程的照片和视频，一起讨论如何搭建又高又稳的房子。经过教师的启发，幼儿发现：纸箱支撑面受力不均，会发生塌陷，重心不稳，易引发倾倒，所以搭建不成功。他们还知道了：空奶粉罐做底座，房子重心偏高，会不稳固；采用下大上小的结构可以降低重心，使房子更稳；积木堆叠整齐，才不容易倾倒。

● 继续挑战，技能提高

幼儿获得搭建高楼的核心经验之后，他们对搭建高楼更感兴趣了，在游戏场游戏、教室建构区，持续地尝试挑战搭建的高度。

● 多元感知，丰富经验

游戏进行了一段时间后，幼儿不再满足于楼房的高度，他们游戏时会因为房子造型的差异而持续讨论。为此，教师与幼儿共同观看各种各样楼房的图片、视频。教师建议家长向幼儿介绍有关楼房建构的知识，帮助幼儿丰富经验。同时，邀请幼儿介绍其小区房屋的特征。

● 合作搭建，造型多样

幼儿从家长处获得一些建筑知识后，在接下来的几次搭建游戏中，展现出了更强的计划性，其作品也更复杂了。他们分工明确，并且能够通过平铺、架空、围合等建构技能，合作完成楼房的搭建。

在建构中，俊宇、东林能够出主意、想办法，主动带领同伴推进游戏。他们搭建的房子不再一味追求高度，转而注重造型多样美观，装饰细致更多，且设计有了对称的理念。

有弯曲小路的两层小楼　　　　　　有院子的楼房

围起来的房子　　　　　很多层的楼房　　　　　带屋檐的房子

◆ **幼儿行为分析：**

幼儿在动手游戏中体会叠高的科学原理，在搭建楼房的过程不断获得经验，他们明白：重心不稳，房子会容易倒塌；受力面不平整，房子也容易倒塌。幼儿的生活经验和知识经验越多，他们搭建的作品就越丰富、越新颖。

幼儿和家长的共同学习，加上幼儿自己的思考，最终呈现的作品造型充满奇思妙想，独具特色，让人感叹。主题搭建场的材料看似充足，但是多数不能适配中班幼儿的年龄特点和行为能力（如投放的材料以纸箱纸盒为主，牛奶箱规格单一，家具箱偏大偏重，月饼盒尺寸不一），因此无法支持幼儿搭建更多样、更丰富的作品。

2. 主题二：龙舟划起来

"龙舟划起来"是园所开展的端午系列活动之一。游戏基于岑溪的地域民俗文化，结合班级幼儿的学习兴趣和实际发展需求，支持幼儿创建龙舟、开发龙舟游戏。

● 经验准备、制订计划

教师和幼儿通过查找资料，认识了龙舟的外形特征、构造、功能，并进行了第一次搭建。

认识龙舟

制订计划

幼儿选择游戏场里的纸箱、篮子、泡沫积木等搭建了龙舟的主体，使龙舟初具雏形。

● 再次游戏，难度提升

再次游戏之前，幼儿画下心目中的龙舟，分小组进行搭建。他们找来了鼓，有的用月饼盒当鼓。龙舟造型复杂，配有舵手和桨。

再次计划

"我"想搭的龙舟

龙舟造型复杂

鼓手和船员

● 发现问题，解决问题

游戏回顾时，杰韬说了自己的困惑："我不会搭龙头。"

东林说："我搭的龙头都不像。"

幼儿关注到龙舟上的龙头。刚好中六班画过龙头，教

幼儿不满意的龙头

师就借来画作，给幼儿观察。

随后幼儿选择在建构区尝试搭建龙头。

嘉嘉和希妍这一组发现了压稳积木块和积木块保持平衡的方法，和大家分享了自己的经验，经过教师引导，认为这个方法可以用于搭建龙头。

教师引导幼儿观察龙头　　　　　　　　　　嘉嘉分享经验

● 解决问题，难度提升

解决了龙头搭建的方法，众幼儿迫不及待要搭建一条大龙舟。幼儿发现快乐大舞台刚好投放了一套炭化积木，经过商量，决定去操场实施搭建龙舟。

众幼儿先在教室画好想要搭建的龙舟，然后通过投票选出搭建方案，合作搭建开始了。

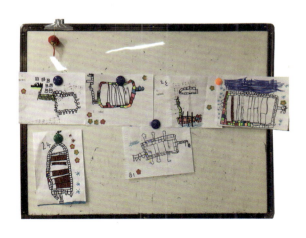

幼儿合作搭建。用架空、固定的方法搭建龙尾。

经过半天的努力，一艘龙舟带着大家的快乐起航了。

合作搭建龙身　　　　　　　　长条积木搭建的龙头

龙舟完成

◆ **幼儿行为分析：**

　　幼儿从自己探索、自己搭建到最终合作搭建了一艘新的龙舟。游戏中幼儿能进行独立的思考，也能与同伴的合作和协商。通过活动，他们获得了高度、平衡、对称等知识经验。

◆ **教师支持：**

　　教师在观察与支持幼儿的游戏过程中，能秉持正确的儿童观，为幼儿搭建提供自由探索的平台，逐步引发幼儿游戏兴趣。当孩子搭建龙头而无法保持木板平衡，游戏无法推进时，教师适时介入，引导孩子们认识问题所在，建议他们在建构区进行尝试，并密切关注他们的行为；发现嘉嘉找到办法，及时予以肯定，并鼓励他进行分享，支持幼儿进行持续的探究和深入学习。教师一步步地引导孩子们有目的、有计划地进行搭建活动，幼儿通过合作最终搭建出一艘龙舟作品。

（四）小结

1. 游戏的特点与价值

　　"高高的楼房""龙舟划起来"的搭建主题源自幼儿日常，游戏活动的主体是幼儿，充分结合孩子的兴趣，让幼儿在与各种材料互动中主动探究。游戏活动过程是幼儿学习发展的过程。

2. 游戏活动的反思

　　在主题搭建游戏场，老师本着这样一种观念：把游戏还给幼儿，给幼儿提供更大的活动生成空间，让幼儿充分地表现表达所思所想。

　　在游戏中，教师主要做的是观察幼儿，了解他们的兴趣、需求、能力、情感等，抓住教育契机，及时地介入指导。

　　在游戏中，教师注重调动幼儿活动积极性，引导幼儿遇到问题时要自己寻求帮助的办法，以提高解决问题的能力。如在搭建高楼游戏时，幼儿够不着"楼房"高处时，教师引发幼儿讨论、实践、探索，幼儿想到多种解决问题的方法，如可以站在椅子上去搭高处的积木；如果站在椅子上依然够不着时，可以请老师帮忙。

3. 下一步的支持策略

在幼儿的游戏过程，老师管住口，管住手，用心看，游戏过程就能成为幼儿最自然的学习发展过程，而主题搭建过程也将成为幼儿展示无限妙思的过程。

十、"趣"玩耍　悦享阳光

——"野外趣玩"游戏场案例

《指南》所指出的，幼儿学习"主要是在日常生活和游戏中通过观察和模仿潜移默化地发展起来的"。模仿，即自觉或不自觉地重复他人（榜样）的行为，是幼儿学习的基本方式之一。幼儿模仿的行为模式可以是行动类的，也可以是态度类的；模仿的对象可以是现实生活中的真人真事，也可以是电视、图书及故事中的虚构形象。

"野外趣玩"关注幼儿社会领域学习与发展，鼓励幼儿在轻松、愉快的户外活动中与同伴和老师接触、交往，在"同说、同笑、同乐"中体会到与人合作的重要性，体验到人与人之间交往的乐趣，有利于幼儿社会性发展。

（一）幼儿兴趣与前期经验

幼儿已具备制定游戏规则的能力和调整游戏方案的能力。教师只需提供适宜的场地、道具，鼓励幼儿自己思考、解决游戏时遇到困难、分歧、矛盾。

（二）游戏准备

针对幼儿的年龄特点及实际情况，教师在游戏活动开展的过程中，结合主题教育的内容、挖掘其潜在的教育功能，将"快乐教育"融于幼儿的游戏活动中，从而培养幼儿探索精神、创新精神和实践能力。

教师通过创设合适的游戏活动和提供多样化的活动材料、情景化的游戏形式，以促使幼儿在游戏中自主发展。

（三）游戏目标

- 培养幼儿的合作意识、规则意识、与人交往的能力，促进幼儿社会性的发展。
- 培养幼儿乐意参加游戏活动，体验快乐的情感，增强体质。
- 鼓励幼儿大胆创新，促进身心协调发展。

（四）游戏过程实录

1. 第一次游戏

- 熟悉场地

今天早上天气晴朗，幼儿到野外趣玩场所开展活动，初步认识到这个地方叫"桃源村"。

● 认识各种游戏材料

● 自由探索材料的多和玩法

幼儿讨论，自主发起游戏，探索出多种玩法。

诗桐："浩宸，我们一起养小鸡吧。"

子琛:"哈哈！这锅像帽子一样"。

宇浩:"我找到一块肉，要怎么煮呢?"

子琛:"这有一条河，但是没水了"

东洋:"我抓到一条鱼，我要煮了它。"

育明:"我们一起烧烤好吗?"

◆ **幼儿行为分析：**

　　经过前几次的自由探索游戏材料，幼儿有了充足的探索，并同伴进行讨论交流。在此基础上，幼儿开始转入有计划的游戏活动。幼儿对"野外趣玩"主题很感兴趣，会按类别有序规整材料，也能够把自己的好经验与大家一起分享交流。

2. 第二次游戏

　　幼儿先用白纸和笔，画下"自己想要和谁一起组队游戏""要玩什么"。

　　浩宸："我想去抓鱼，然后和诗桐一起烧烤。"

　　宇皓："我周六和妈妈去烧烤，可好玩啦！我等下也要和诗桐、庆博还有佳欣一起玩烧烤！"

幼儿分享自己的计划图。

幼儿带着自己的计划来到游戏场地，自主组队开始游戏。

● 烧烤小组

浩宸："哈哈！我抓到一条大鱼。"

浩宸："我可会串烧烤的串串了。"

诗桐："我们要先把烧烤的肉和菜串起来才能烧烤哦！"

庆博："我刚刚把你抓的鱼洗干净，等一下也可以煮鱼汤！我吃过鱼汤，可好吃了！"

东洋："还有一条鱼，我想做烤鱼！烤鱼很香很香的！"

● 养鸡小组

诗桐:"我给鸡妈妈多喂点胡萝卜、玉米,让它生好多好多鸡蛋。"

宇皓:"你们看那还有一个鸡蛋!"

● 大排档小组

琪伍:"我今天是大排档的厨师! 紫莹,你做我的帮手。"

琪伍:"客人点的大闸蟹可以拿过去了,我再做点烤肉。"

子琛:"我喜欢吃大闸蟹!"

子琛:"服务员我还要一杯水。"

晓菲:"这土豆很好吃!"

3. 第三次游戏

　　教师提醒幼儿本次活动不提供现成的"食材",引导幼儿思考讨论如何就地取材,用现场的物品代替"食材"。

　　幼儿用绘画的形式,制定本次活动的游戏计划。

幼儿自由组队，开展游戏。

● 环卫小组

明倩："我在清理'小河'里的垃圾。"

楚章："我们一起除草吧。"

文博："这里的草也要修剪了。"

● 搭桥小组

庆博："我要搭一座桥，你们帮我把这个运到小河边好吗?"

沛懿："看！桥搭好了，可以从桥上过河啦！"

珞安："我来试一试桥搭稳了没有。"

楚章："哈哈！桥很结实！"

● 出现的问题

此前，幼儿玩烧烤游戏时都有现成的烧烤食材（如肉串、蔬菜串、鱼等），这次不提供。幼儿组好队就拿了锅、铲、勺子、炉灶，直接放了一些树叶在锅里炒来炒去。游戏玩法单一。

● 教师介入游戏

教师："我有点想吃烧烤？谁烤了烧烤呀？"

诗桐挑了一片大大的叶子，把叶子用树枝串起来放烤炉上："老师我给你烤鸡腿"。

教师拿了几片小叶子递给她："我想吃烤蘑菇，你帮我烤吧！"

其他幼儿看见了也在捡回的叶子里翻找。

"这个像土豆，我来烤土豆。"

"这个像鱼、虾……"

● 用树叶替代"食物"

城城："这是一个大鸡腿，你帮我把它串起来吧。"

晓菲："我的是牛肉串哦！"

桓树："看我的大鲤鱼！"

庆博："烧烤酱来了！"

晓菲："嗯！好香！快熟了！"

（五）小结

1. 游戏的特点与价值

在"野外趣玩"游戏中，幼儿通过操作、探索，以及和同伴的学习与交流，提高了语言表达、交往、自我表现等各种能力，从而满足了个性发展的需求。在游戏前，教师和幼儿共同商讨游戏主题，做好计划图，制定游戏规则。这些定好的游戏规则能保证游戏正常、顺利地开展，这意味着规定了游戏中幼儿应遵守哪些规则、应怎么做。如：在游戏中，要协商、谦让、合作；不争抢游戏材料；要爱护游戏材料，不随意摆放或损坏游戏材料；游戏结束后，收拾游戏材料时，动作要轻、快，要摆放整齐等。

幼儿通过扮演特定角色模仿相关场景，逐步熟悉生活中人际交往的场景；在共同拟定、调整游戏活动的主题、分配角色、使用游戏材料的过程中，他们能自发运用协商、轮流、分享、妥协、等待等交往技能；此外，他们能学习到礼貌谦让、互帮互助、体谅他人等难能可贵的品德。

2. 游戏活动的反思

《指南》指出：幼儿的学习是以直接经验为基础，在游戏和日常生活中进行的。

我们的生活中蕴藏着许多丰富的学习资源。幼儿见到一地的落叶、树枝，会产生极大的兴趣，提出各种各样的问题，动脑筋思考问题，这是他们探索世界的良好开端。我们要珍视幼儿游戏和生活的独特价值，创设丰富的教育环境，合理安排一日生活，最大限度地支持和满足幼儿通过直接感知、最大限度地支持和满足幼儿通过直接感知、实际操作和亲身体验获取经验的需求。

教师充分利用现有条件，努力为幼儿提供自主活动的空间，但园所仍存在着活动空间不足、材料不够丰富的问题。在活动过程中，教师的指导不够精准，对游戏深度的挖掘稍显不足，介入水平有待提高。作为引导者，教师要从幼儿的认知角度出发去构建教育，仔细观察、耐心倾听童声，鼓励幼儿自己去尝试、探索，从而获得丰富经验。

3. 下一步的支持策略

教师引导幼儿尝试自主分配游戏角色，并尝试把游戏计划画出来，同时引导幼儿发现问题，并寻求解决方案。

教师收集废旧材料和半成品材料，丰富游戏材料。根据主题、层次的差异而投放、增减、更换材料，不断激发幼儿发展的新需求，从而提高幼儿开展游戏的积极性。

师生共同丰富游戏的情节，充实游戏的内容，并在此过程中学习人际交往的技巧，培养热爱劳动的品质。

第四章

游戏场的成效与推广

一、游戏场成效的推广措施

岑溪二幼是自治区示范幼儿园、自治区幼儿园课程基地、岑溪市集团化办园的龙头园，现有六所加盟园，分别是水汶镇、筋竹镇、大业镇、诚谏镇、归义镇五个乡镇的中心幼儿园和一所市区民办幼儿园。

我园担负着区域提升、示范引领作用，我们在课程基地建设过程中产出了一些教学成果，有责任把成果推广到学区幼儿园及加盟园，乃至全市的幼儿园，以实现成果"异地创新"，立足教学活动，解决教学中的难题，开拓创新，整体提升教学质量。目前，已推广的成果有我园体能大循环活动模式、游戏场活动模式。具体的推广措施有：

一、集中培训。由本园课程基地核心成员组织集中培训，加强理论、专业知识学习，不断提升本园、加盟园，以及学区内其他园所的教师素质。

二、展示观摩。开展体能大循环活动及五大游戏场活动，展示我园体能大循环及游戏模式，邀请全市幼儿园来现场观摩学习。

三、交流研讨。安排负责体能大循环的老师及"五大游戏场"的老师进行汇报分享，图文并茂地分享具体做法。

四、实地指导。由我园园长、业务副园长及骨干老师送教下乡，实地指导加盟园及学区其他园所的老师利用本园材料进行大循环活动及户外、区域游戏活动。

五、定期跟进指导。安排专人点对点地结对帮扶，随时交流，定期到园所指导，解决难题，促进成果的有效运用。

二、"体能大循环"活动的开展模式

（一）背景与现状分析

　　近年来，国家对国民体质的重视程度越来越高，3—6岁是幼儿体能快速发展的时期，也是形成良好体质的基础阶段。然而近十年的国民体质监测结果表明，我国儿童青少年学生存在高身材、低体质的现象，超重和肥胖的比例不断增加，近视率居高不下，速度、耐力、柔韧性、爆发力等体能指标呈现持续下降的趋势。

　　具体到幼儿园户外体育活动的情况来说，我国部分地区幼儿园存在人多地少的矛盾，开展体育活动受到活动空间、材料等方面的限制，幼儿户外活动的运动量得不到充分保证。幼儿园在体能活动中存在材料更新不及时、投放材料缺少层次性、活动组织不协调、教师指导不规范以及安全性考虑不足等问题。

（二）体能循环活动的目标与计划

　　岑溪二幼长期开展体能循环活动，在实践中观察、分析、研讨、反思，持续关注、调整、提升园所的活动场地条件、教师体育知识、教师对《指南》的理解以及幼儿园的组织管理四个方面，梳理出园所在利用有限空间、满足幼儿多样化运动需求的实践中积累的组织经验和教训，对活动中出现的问题逐一复盘、研判，总结出有针对性的教育建议和调整方案，构建科学化、规范化的幼儿园体能循环活动组织形式。

体能循环活动年龄阶段性目标

年龄段	知识经验	动作与技能	态度和情感	教师指导要点
小班	1. 认识并了解相关器材的名称和用途。2. 了解活动中的注意事项，并学会保护自己。3. 能理解和记住游戏的规则和要求。	1. 初步学会基本动作，能操作简单的运动器械。2. 能根据教师的指令做出相应的身体动作。3. 具有初步的平衡能力、协调性、灵敏性和耐力。	1. 在运动中体验到快乐，情绪愉悦。2. 在运动中表现出一定的自信和勇敢。3. 学会轮流和等待。	1. 带领幼儿熟悉运动器械。2. 帮助幼儿建立游戏规则。3. 引导幼儿学会自我保护。
中班	1. 能够熟练地使用和操作多种运动器械。2. 了解体能循环活动的规则并能进行简单的活动路线设计。3. 活动中能遵守规则，并能主动躲避危险。	1. 基本学会各种基本动作，能使用和操作多种运动器械。2. 能比较熟悉地根据活动路线进行运动，并学会对材料进行摆放。3. 具有一定的平衡能力、协调性、力量和耐力。	1. 在运动中情绪愉悦高涨。2. 在运动中表现出一定的自信和勇敢，并能在活动中具有一定的坚持性。	1. 组织幼儿进行动作、队列等练习。2. 尝试让幼儿自己设置活动路线，和幼儿一起摆放运动器械。3. 引导幼儿将运动器械有序取放。

续表

年龄段	知识经验	动作与技能	态度和情感	教师指导要点
大班	1. 能够根据运动器械探索出多样化的玩法。 2. 较为熟悉地设计循环路线图并对运动器械进行摆放。 3. 熟悉活动的规则与要求。	1. 各种基本动作逐渐成熟,具有一定的平衡能力、协调性和耐力等。 2. 能够根据设计的路线进行有序的循环活动。 3. 能够运用运动器械进行较大难度的动作。	1. 乐于参与运动,并在运动中情绪愉悦、高涨。 2. 在活动中表现出较好的合作意识和能力。	1. 引导幼儿自主设计路线,摆放活动器械。 2. 鼓励幼儿大胆挑战,增加活动难度。 3. 活动过程中给予个性化支持。

体能循环活动计划

年龄段	知识经验	动作与技能
小班	1. 认识并了解相关器材的名称和用途。 2. 了解活动中的注意事项,并学会保护自己。 3. 能理解和记住游戏的规则和要求。	1. 初步学会基本动作,能操作简单的运动器械。 2. 能根据教师的指令进行相应的身体动作。 3. 具有初步的平衡能力、协调性、灵敏性和耐力。
中班	1. 能够熟练地使用和操作多种运动器械。 2. 了解体能循环活动的规则并能进行简单的活动路线设计。 3. 活动中能遵守规则,并能主动躲避危险。	1. 基本学会各种基本动作,能使用和操作多种运动器械。 2. 能比较熟悉地根据活动路线进行运动,并学会对材料进行摆放。 3. 具有一定的平衡能力、协调性、力量和耐力。

续表

年龄段	知识经验	动作与技能
大班	1. 能尝试进行路线图的设计，幼儿合作进行活动器械的摆放。 2. 对运动器械能进行多样化玩法的探索，并敢于挑战高难度动作。 3. 保证循环体能活动的有序进行，并根据幼儿想法进行及时调整。	1. 设计路线图并合理摆放器械。 2. 注意发展各种运动技能以及路线的难易搭配。 3. 活动过程中给予个性化支持。

（三）体能循环活动的价值

1. 以体能循环为抓手，促进幼儿身体动作发展

园所开展体育活动的形式创新 最终的目的和落脚点是幼儿的身体素质和运动能力的发展。各个年龄阶段的目标各有不同，但都一以贯之地注重"幼儿基本运动技能的学习与发展"，注重幼儿"平衡能力、协调性、灵敏性和耐力等方面的提高"。

岑溪二幼的体能大循环活动的莫式，是园所基于充分有限的活动空间和现有活动材料，创新活动玩法、活动形式，以缓解人与空间矛盾，满足幼儿运动能力发展、身心发展的需求。

2. 促进教学方式转变，提升教师专业素养

幼儿园对教师专业素养的培养不是一蹴而就，而是在与幼儿的互动和交流过程中共同提高的过程。安吉游戏创始人程学琴提出："教师要管住自己的手，管住自己的嘴。"其主要的核心精神就是，教师要"以幼儿为中心"，让孩子自己决定活动的内容。

园所方面清楚地意识到，本园教师的专业素质与当前所提倡的以幼儿为中心的理想教学方式之间存在差距。园所通过体能循环的活动形式，促进教师转变传统的教学模式，在与幼儿的交流互动中不断地提高自身的专业素养。比如小班阶段，教师引导幼儿熟悉运动器材和玩法，教师主导活动路线的设计和材料摆放；到中班阶段，幼儿了解活动的规则和要求，教师则以合作者的角色与幼儿共同进行路线的设计和材料摆放；随着幼儿能力的不断提高，园所鼓励教师放手让幼儿自主进行路线设计，合作进行材料的摆放。

3. 持续创新活动形式，打造园本特色

　　幼儿园在持续而系统的探索与实践中，不断地调整与丰富体能循环活动的形式和内容，逐渐形成园所的主要体育活动形式。园所方面将继续充实、创新活动形式，完善、升级设计思路，进一步利用好场地空间，深入打造具有园本特色的体育活动模式，并向当地其他园所推广，以缓解当地幼儿园普遍存在的"人多地少"矛盾。

（四）实施策略

1. 材料的分类及投放

　　园所在体能循环活动中的利用本土物产资源——竹、木。

体能循环活动年龄阶段性目标

材料名称	材料分类	具体材料
专属性体育材料	行走类	单元砖、单元桶、木板、过河石、平衡木、条形凳、平衡石
	跳跃类	体能环、大龟背、跳袋、绳梯、跨栏

续表

材料名称	材料分类	具体材料
专属性体育材料	钻爬类	钻爬网、钻爬桶、拱门
	投掷类	托接球、粘球衣、抛接球
	球类	篮球、足球
	辅助类	手印脚印、荷叶垫、体操垫、路标
非专属性体育材料	生活类	桌子、椅子、长凳、纸盒、瓶子、报纸、塑料管
	生产类	轮胎、梯子、木板、竹竿
自制体育材料	竹类	竹梯、竹马、竹竿、竹板、竹制球、跨栏、竹架
	塑料制品类	塑管架、塑料瓶

自制竹马

自制竹梯

攀爬架

跨栏

2. 室内体能活动设计

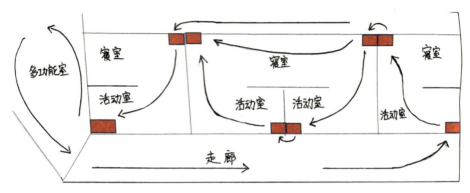

中班室内体能活动路线设计图

中班活动室体能活动涉及走、攀、爬、钻、跨等动作，有效锻炼中班幼儿的动作协调性。

3. 室外体能活动设计

　　户外体能循环活动充分利用园所户外空间资源，开展丰富多彩的活动，激发幼儿参与热情，促使幼儿积极投入游戏活动。

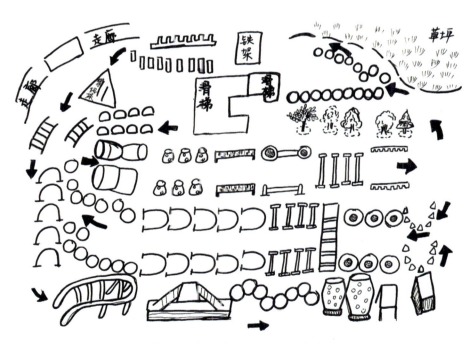

中班户外体能循环活动设计图

4. 幼儿自主参与设计

幼儿自主设计活动

（五）收纳整理活动材料的经验

对材料的管理，园所已经总结出自己的一套经验。

首先，在材料的整理与收纳方面，幼儿园专门针对户外循环体能活动的材料定制了一套收纳架，所有材料都按照功能进行分类，并附有对应的标识，以确保摆放有序。

这样进行收纳，不仅节约了幼儿园的户外空间，优化了户外活动材料的布局，使之更为美观，还方便教师和幼儿在活动时取放材料，同时也在很大程度上避免了材料的损耗，延长了材料的使用寿命。

其次，在对材料的管理方面，园所根据材料的功能进行分类，指派专人管理材料，每周定期对材料进行安全性检查，并进行清理和消毒，从而

保证材料的安全性和卫生条件达标。

最后，在材料的使用与归置方面，在活动进行期间，园所鼓励幼儿自己动手进行拿取和归置材料。

每个班级分别有序从存放区域拿取活动材料，摆放在各个班级负责的活动区域。活动结束后，安排幼儿进行活动材料的归置，引导幼儿养成良好生活习惯的同时，也充分保证了幼儿户外活动的时间。

（六）体能活动的教研及反思

针对体能循环活动中出现的问题，教师在活动结束后及时组织幼儿集体进行讨论，及时引导幼儿解决活动中遇到的难题。

此外，众教师在每周四下午固定时间组织起来进行教研反思，对循环路线及过程进行研讨，交流体能活动中遇到的问题，进行及时的反思与总结，并提出解决的策略。活动的反思环节，不仅有助于提高幼儿体能循环活动的质量、增强幼儿活动体验，也有效增强教师的专业素养，深化教师对体能循环活动的理解和组织能力。

（七）总结

在幼儿园开展体能活动，要有效利用、拓宽活动空间，打通室内外的循环活动路线，加强幼儿体育技能的发展，满足幼儿对活动路线、材料以及材料搭配等需求，促使幼儿在活动中获得愉悦感、满足感、成就感，促进幼儿练习走、跑、跳、攀、爬等运动的基本动作，增强幼儿的协调性、平衡性、耐力、专注力、创造力等，从而促使幼儿的全面发展。

三、"体能大循环模式"成果运用

——以水汶镇中心幼儿园"体能大循环"为例

岑溪二幼的"体能大循环"活动模式，已经成为该园的一大亮点。在岑溪市第二幼儿园的示范引领下，水汶镇中心幼儿园通过实地观摩、深入研讨交流、尝试探索、不断调整，利用园所的场地和材料，成功研发出适合本园幼儿特点的"体能大循环"活动模式。

（一）现状分析

水汶镇中心幼儿园户外活动场地大，配有遮阳棚，无论是晴天还是雨天都能满足幼儿体育活动的需求。但是在实践中，园所的户外体育活动内容单调，体育器械得不到充分利用，幼儿的参与度也不高，教师对幼儿肢体和动作的训练也缺乏针对性、系统性的引导。

（二）转化与运用策略

岑溪二幼刘园长带领名园长工作室到水汶镇中心幼儿园，进行户外体育大循环的经验推广。

水汶镇中心幼儿园推行了一项创新举措，打破了班级界限，从游戏常规入手，在动作发展、器械投放、难易程度、个体差异、社会性发展等方面都进行了深入的研讨，鼓励幼儿积极参与户外大循环活动，学习走、跑、跳、翻、滚、跨、钻、爬、平衡等多种位移技能；使幼儿逐步在户外活动中做到快速、准确、有力、灵活、协调，运动技能得到充分的发展，大大提高幼儿户外活动质量；全园幼儿展现出极大的兴趣，自主自觉地沉浸在"大循环"的游戏活动中。

（三）运用实录

1. 时间安排

每天上午10：00—10：30。

2. 投放材料

轮胎、竹梯、过河石、跨栏、海绵垫、攀爬架、悬空布袋、钻爬洞、海绵墙、炭化梯组合等。

3. 场地规划

园所设置常态化的大循环户外运动区域，按照功能划分为：走跑区、攀爬区、平衡区、跳跃区、球区、大型游乐区等。设置区域时，园所充分考虑各区域之间活动性质的合理搭配，每个区域规划出难度不同的玩法，以适应不同能力孩子的发展，并制作运动游戏示意图（包括名称、步骤、器械、玩法）、运动路线图。

就大循环功能分区展开研讨

大循环功能分区鸟瞰图

4. 调整与优化

　　教师关注到幼儿的个体差异。如平衡区常聚集众多幼儿，时常造成"塞车"；低龄段的幼儿要弯下腰扶着梯子才敢通过平衡木。园所经过研讨，根据幼儿平衡能力的发展差异，提供40厘米高的炭化平衡木、20厘米高的竹梯平衡木，2种难度不同的器械，供不同年龄段幼儿选择。在关于"从高处往下跳"的活动材料准备方面，教师为幼儿设计了不同高度的桌子，其高度范围涵盖了从40厘米到100厘米；另外，在攀爬材料的提供上，教师投放了材质不同的橡胶轮胎、木质攀爬梯、网状钻袋，以便幼儿根据自己的能力进行自由选择。

园所提供难度不同的器械

教师观察到，有的幼儿在同伴的影响下主动尝试挑战较难的路线；一些胆小、不爱动的幼儿，需要教师进行适当的指导和帮助，以增强他们战胜困难的自信心。

合理安排老师的定点站位，确保幼儿安全。"教师定点、幼儿跑动"的方式打破班级、年龄界限。教师站位的合理安排，确保教师能关注到全体幼儿的情况，有针对性地指导幼儿开展活动，保障幼儿的安全。

教师探讨活动时站位的方案

园所充分发掘并利用现有器械的运动功能，发动家长制作具有层次性、多功能性、可替代性、可变形性、趣味性的幼儿体育器械；通过一物多玩、器械的合理搭配，让各区域都充满趣味、富有层次；同时，引导幼儿根据运动器械归位图自主取放活动器械，并根据运动游戏示意图自主组合器械。

幼儿进行体能大循环活动

四、"主题搭建"游戏场活动组织模式

2020年2月，岑溪二幼成为自治区幼儿园课程基地。在刘春美园长的引领下，园所开发了"阳光课程"，创设了"搭搭乐""野战场""快乐大舞台""野外趣玩"和"主题搭建"五大游戏场。在数年的探索和实践中，园所的五大游戏场已经形成了比较科学和相对固定的活动组织模式。

（一）游戏场活动组织模式

活动组织模式

（二）主题搭建游戏场活动实录

1. 熟悉游戏场及材料

在初次开展游戏活动时，教师提前带领幼儿熟悉场地和材料，然后和他们讨论：利用这些玩具和材料，我们可以玩什么游戏？请幼儿自由探索玩法。

2. 讨论确定主题

开展游戏前组织幼儿讨论想要搭建什么？根据幼儿的兴趣确定主题。如中二班的主题搭建为"服装秀舞台"。2022年秋季学期，中班开展了"多样的服饰"主题活动，幼儿对各种各样的漂亮服饰有了更多的关注。有一次，梓霖的妈妈在班级群分享了一段孩子在家穿着帅气的服装跟着音乐走秀的小视频，引发了众家长和幼儿的关注。一个由服装引发的故事就诞生了。

第二天，众多幼儿穿上了美美的服装来到幼儿园。

"我会走模特步，我看过儿童环保服装秀，我知道服装秀的舞台叫T台。"蓝馨说完就情不自禁地走起了"秀"来。

"我也想秀一秀我的漂亮裙子！"小伙伴们纷纷就地"秀"了起来。

有幼儿提议："我们去游戏场搭一个服装秀舞台吧？"

"好啊好啊！"众幼儿都拍手叫好。

婧霖说:"我想搭一个服装店,我妈妈是开服装店的,我知道要准备什么材料。"

"我也想跟你一起搭服装店。"几名幼儿爽快地做了口头约定。

3. 制订游戏计划

确定主题之后,幼儿结合自己的经验,通过讨论制订游戏计划:搭建什么? 需要什么材料? 和谁一起搭建? 要做哪些准备?

有的幼儿用绘画的形式向同伴分享。幼儿根据自己的想法设计了服装秀舞台和服装店等,用简单的线条画出了丰富的画面和直观的造型。

4. 经验和材料准备

做好游戏计划后,幼儿寻找游戏材料,并设法准备游戏场没有的材料。教师设法给予支持,如请家长协助,或通过网络搜索相关图片、视频,以丰富幼儿的知识经验和建构技能;此外,鼓励幼儿通过多种渠道收集所需物品。

5. 建构游戏

到了游戏场,幼儿可通过自荐或推选的方式选出小组长。幼儿自由组成搭建小组,分组讨论搭建项目,根据需要的材料情况就近选择空间区域,自主分工,合作搭建。

6. 分享交流（发现问题、解决问题）

　　幼儿在游戏中发现问题，教师会鼓励他们和同伴交流探讨如何解决问题。必要时教师适时介入，加以引导和支持。

● 发现问题

　　服装店搭好了，大家发现游戏场没有现成的服装，也没有供买卖和找补的"钱"。

　　梓霖提议，把同伴刚脱下的外套拿去卖。

　　婧霖说："旧衣服是没人买的。"

　　楚晴提议，去班上的表演区找一些漂亮服装、头饰和化妆品来卖，而且班上的益智区有游戏用的钱，也可以拿来用。

　　大家都觉得这些主意很不错。

● 解决问题

讨论好了，组员们马上行动，分工合作，很快就做好了准备工作。小店一开张就吸引来了不少小顾客。

● 新问题

服装秀舞台搭建好了，有的幼儿迫不及待地上台表演，却发现没有观众。

● 解决问题

诗琪提醒："上台表演的小朋友可以先去旁边的服装店买漂亮衣服，穿好再来表演。"

舒曼说："表演前要进行排练，还要化妆的，表演得好看就会有很多观众来看。"说完，舒曼就领着几个换好服装的女孩到一边排练。

7. 再次游戏

经过彩排的小演员自信地走上舞台，他们漂亮的服饰吸引来了很多观众。小演员有的走秀，有的跳舞，有的唱歌。小观众纷纷举起"相机"拍下了一个个精彩的瞬间。幼儿体验到了成功的喜悦以及与同伴合作游戏的快乐，脸上绽放出灿烂的笑容。

8. 现场小结

游戏后，教师现场组织幼儿进行简单的交流，介绍和欣赏建构作品，分享游戏体验，反馈遇到的问题，交流解决办法。

9. 收纳整理

游戏结束后，幼儿分类收纳、整理材料。小组长带领组员收好自己小组用的材料。有的小组也会自行协商分任务，按标识规整材料，比如两三个人一组收一筐或一种材料。幼儿会想办法用各种方便、快捷的方式搬运、整理材料，做到物归原位。

10. 总结提升

每次活动后，教师会及时利用班上的一体机展示幼儿的活动照片或小视频，帮助幼儿回顾游戏过程，找出存在的问题，共同探讨解决问题的最佳方法，梳理有益的核心经验，进行全面的总结评价，做好下次游戏规划。

鼓励幼儿用图画、符号等方式记录游戏故事，并大胆表达表征，巩固游戏经验。

以上是"主题搭建"游戏场活动的基本组织模式。五大游戏场也会根据不同的主题、幼儿人数、年龄特点、材料、空间、时间等实际情况灵活调整，满足幼儿的游戏需求。

（三）总结评价

中二班幼儿此前没到过"主题搭建"游戏场，几乎没有画图做计划的习惯和经验。经过一个学期的游戏，大部分幼儿在去游戏场前都会主动做游戏计划，寻找游戏材料与合作伙伴，把游戏计划分享给教师和同伴听。

在游戏场，幼儿能自己搬运材料，有目的地与同伴合作搭建，积极与他人交流协商，大胆探索，自觉遵守规则，团结协作整理材料，各方面的能力都得到了较大程度的提高。

我们的五大游戏场为幼儿提供了丰富的材料、宽松的环境和足够的时间，让幼儿自由、自主地尽情游戏，从而培养好探索、会操作、爱学习、乐交往、守规则、快乐自信的阳光孩子。教师也学会了"管住嘴、收住手、擦亮眼、竖起耳"，用心观察幼儿游戏，不随意介入干扰幼儿。

游戏前后，教师多听幼儿的想法，多问"为什么"，从儿童的角度思考问题，解读游戏行为，最大程度地放手，更有效地支持幼儿，满足幼儿的发展需求，让孩子拥有一个幸福、快乐的童年。

五、"主题搭建"游戏场模式成果运用

——以筋竹镇中心幼儿园"垒高楼"游戏为例

在一次建构室活动中，幼儿发现了一些积木，并自主进行搭建活动。幼儿对积木搭建非常感兴趣，于是教师继续投放大小不同的积木，让幼儿进行自由搭建。教师在建构区张贴高楼的图片，引导幼儿搭建高楼。幼儿还将积木及牛奶罐等材料运用起来，探究怎样搭高、搭建更稳固等问题。于是，逐步形成建构室的主题活动：垒高楼。

（一）材料准备

木块、积木、牛奶罐、纸箱、纸筒、竹筒等。

（二）游戏目标

让幼儿在直接感知、亲身体验以及实际操作的过程中，培养解决问题的能力，促进其与同伴合作，勇于克服困难，敢于迎接挑战，同时在此过程中初步感知基础的力学知识。

（三）"主题搭建"游戏场模式运用实录

1. 讨论定制计划

小周："你看它有好多层，六层楼那么高。"

晓晓："不对，它有七层，要一个地方，得是能上去看风景的。"

小航："最顶上有个尖尖。"

林林："那是房顶，它的每个房顶都有一个角飞起来。"

小周："这个楼好像是从中间开始建的。"

婷婷："不是，它如果是从这里建，它容易砸（到）人，所以它应该是从底下开始建的，一层一层地往上建。"

洋洋："建到最后一层的时候，他们会把吊车勾住这里。"

丽丽："不对，咱们不是有一个三角的积木吗？等会儿咱们完工的时候最后把三角形放上就行啦。"

乐乐："对呀！"

讨论过后，幼儿将自己的想法，通过绘画、手工等表征方式记录下来。

2. 第一次游戏：垒高楼游戏启动

教师在投放材料时，让幼儿充分自主地与游戏材料进行互动。（教师此时可能会预设幼儿的搭建场面会热闹非凡，其作品造型将奇特多样。）

游戏刚开始，幼儿来到新区域感到非常兴奋，迫不及待想尝试。他们拿到积木后不停地垒高，铺长再铺长。几分钟后，有两名幼儿闹了起来，积木撒了一地。

小周："我突然想明白了。你们看，这个楼的楼顶都有出来的三角，咱们得找三角形的积木。"

洋洋："你看，这里有一些柱子，因为有柱子它就倒不了。"

林林："那你们能帮我去找材料送过来吧，我需要大柱子。"

婷婷："咱们在这里多拿几个大的材料，拼起来就行。"

讨论了几分钟后，众幼儿便在婷婷的指挥下开始了搭建。

众幼儿选了四块大积木铺做地垫，用小方积木做墙面和支撑柱，选用长方形板做隔层，用三角形积木放在四个"屋檐"角上做飞起的四角。

搭建第二层时，楼倒了。

婷婷蹲下开始整理，道："赶紧捡起来呀，赶紧的呀。"

林林还在往上面搭建大的积木。

小周对林林说："你先别往上放了呀，都白放了。"

● 出现问题

幼儿的表现引发教师的困惑：幼儿明明很感兴趣，为什么不能认真搭建？搭出的作品也没有造型可言。

带着问题，教师进行探究，寻找了问题所在：中班幼儿虽然有强烈的自主游戏欲望，热衷于自主搭建空间材料，但他们生活经验少、动手能力有限，在搭建时未形成明确的目标和规则意识，欠缺专注度、持久性。

于是，教师针对幼儿游戏情况，决定从幼儿生活经验着手，帮助其丰富高楼造型的相关知识，积累经验。

● 解决问题

教师引导幼儿用牛奶罐、大小不同的积木，自由玩耍，感知材料的特点。

幼儿用大小不同的积木进行建构，看谁搭得高而稳固；或用大小相同的积木进行搭高楼，探索搭高、搭稳的方法，以及感知高、稳固、搭建速度之间的关系。

3. 再次游戏

● 学习观察范例图，提高游戏水平。

小周看着范例图搭着高楼，先拿起一块长积木和两块方柱积木，将长积木架在方柱积木上，又在长积木上加了三角形屋顶，屋顶两边斜靠着长方形积木。

　　小航和洋洋对照范例图搭了几层城堡，接着拿起一块正方形积木放在长方形积木上，看了看似乎不满意，又调整了一会儿。

　　突然，小航站了起来，准备离开时，教师及时介入引导，他继续搭建。在架构长方形积木时没放稳，高楼倒了下来他很着急，快要哭了起来……教师鼓励他不要着急、大胆尝试，仔细观察先搭什么，再搭什么。

　　经过教师的鼓励，他再次拿起范例图从头开始，不一会儿，他高兴地喊："老师，我搭好了！"

● 自主评价

　　童童："我觉得我们搭建得挺好的。"

　　小周："我用了一块木板才盖好了楼顶。"

　　丽丽："就是有点不像我们看到的那个高楼，它有点小。"

　　飞飞："它也不够高，没有几层那么高。"

　　乐乐："当然了，这个这么小，还总是掉下来，当然不像了，得去大操场上。"

● 现场简单小结

教师对幼儿游戏过程进行简单小结：整体来说，幼儿在搭建的过程中能不断地思考、调整、完成并完善自己的作品；但幼儿之间存在着个体差异，有的幼儿不能坚持搭建，经过教师提醒和鼓励，能继续完成。

● 收纳整理

过多次游戏后，幼儿在整理收拾玩具方面有了很大进步，游戏结束后能按分类、整齐收纳好物品。

（四）总结评价

本次建构主题是幼儿熟悉的楼房。幼儿能运用多种搭建技能；合作意识有较大的进步，分工合作更加明确；幼儿的建构技能也有很大的进步；大多数幼儿能制作和运用简单的辅助材料。游戏结束后幼儿的评价水平也有较大的进步。大多幼儿不仅能评价自己的作品，还能简单地评价同伴的作品。

后记

    岑溪市第二幼儿园建园至今，已有33个年头。

    刚开始，我们是分科教学模式，造就了一批集体教学功底比较扎实的老师。他们发挥"传帮带"作用，至今仍影响着年轻教师。

    2012年，幼儿园进行课程改革。我们初步开展班级区域活动，申创"自治区示范幼儿园"并顺利通过评估验收，成为岑溪市首家"自治区示范幼儿园"。随着课程改革浪潮的深入与发展，2017年春季学期，我园全面铺开区域活动，并坚持每天开展，对区域活动有了更清楚的认识，基本形成开展模式；同年，户外活动也很好地丰富起来。2018年，我们迎接"自治区示范幼儿园"第一次复评，并顺利通过，"五大功能馆"成为我们的亮点，班级区域活动也更为丰富。户外活动"体能大循环"当时虽然有一些分歧，但我们坚持保留下来，不断完善优化，并推广到乡镇园及市区民办园。

    2020年，我园通过层层遴选，获评"自治区幼儿园课程基地"（全区共50所课程基地园）。通过课程基地建设，我们对现代先进幼教理念及做法的了解通透了许多，深刻了许多，提升了许多，经过不断实践、总结、梳

165

理、提升，形成螺旋上升态势。办园理念从原来面向老师的"用爱教育，用心养育"转变为面向幼儿的"育阳光孩子，润幸福童年"，充分体现了"儿童在前，老师在后"的教学原则，儿童推动游戏前进的理念深入老师脑中。对于"在活动中如何观察儿童、理解儿童、支持儿童"这一教学课题，我们一直在研究，一直在践行。2023年，我们顺利通过"自治区示范幼儿园"第二次复评。

我园虽然是县级市区幼儿园，但我们一直努力跟着前沿地区幼儿教育的发展脚步前行，从不敢懈怠。我们吸收了上海、深圳、南京、成都、温州等地幼儿园先进理念及做法，在国家级、自治区级、市级幼教专家及各级领导的指导下，结合实际，脚踏实地去探索，开发了"阳光课程"。我们希望通过"阳光课程"的实施，让孩子们在户外活动、室内活动、功能室活动中直接感知、实际操作、亲身体验，从而培养健康阳光、快乐自信的阳光孩子，给孩子一个幸福快乐的童年。

在活动实践中，老师们梳理诸多游戏案例，总结了五大游戏场、体能大循环的做法，通过书面记录下来，希望能对区域学前教育提供借鉴。

现阶段我们虽然取得了一定的成绩，但也有许多不成熟的地方。在往后课程建设中，希望有更多的专家予以指导，让我们的幼儿、教师、家长都能获得更好的发展与成长！

岑溪市第二幼儿园　刘春美

2025年3月18日